福建工程学院科研启动项目资助（GY–Z17077）

『境』：一种传统聚落空间形态的构筑模式

缪远　著

九州出版社 JIUZHOUPRESS | 全国百佳图书出版单位

图书在版编目（CIP）数据

"境"：一种传统聚落空间形态的构筑模式 / 缪远
著. --北京：九州出版社，2019.8
ISBN 978-7-5108-8151-0

Ⅰ．①境… Ⅱ．①缪… Ⅲ．①聚落地理－空间形态－
研究－宁德 Ⅳ．①K928.5

中国版本图书馆CIP数据核字(2019)第123657号

"境"：一种传统聚落空间形态的构筑模式

作　者	缪远　著
责任编辑	黄瑞丽
出版发行	九州出版社
地　址	北京市西城区阜外大街甲 35 号（100037）
发行电话	(010)68992190/3/5/6
网　址	www.jiuzhoupress.com
印　刷	北京捷迅佳彩印刷有限公司
开　本	710 毫米 ×1000 毫米　16 开
印　张	13.25
字　数	220 千字
版　次	2021 年 12 月第 1 版
印　次	2021 年 12 月第 1 次印刷
书　号	ISBN 978-7-5108-8151-0
定　价	78.00 元

苍霞总序

苍霞者，苍霞精舍之谓也。1896 年，著名闽绅陈宝琛、林纾、孙葆瑨、力钧、陈碧等人在福州创办了苍霞精舍。此学堂创办伊始，就不是一间旧式的私塾，而是一所设置了西学的学校。后历经更名、拆分与重组，1938 年改为福建省立高级工业职业学校。几经辗转之后，才成为今天的福建工程学院。

苍霞精舍的创办人，都是清末民初蜚声海内外的文化学者。其中，林纾就是十九世纪至二十世纪之交的一位有影响的文化人，其翻译小说在全国范围内产生了深刻的影响。尽管林纾在五四新文化运动中的表现为后人所诟病，但全面审视其人生之后，其人格风骨、家国情怀、艺术造诣等仍令我们感佩莫名。再如"末代帝师"陈宝琛，有着以天下为己任的强烈意识，曾因直言敢谏而名动京师，并被誉为"清流四谏"之一。作为"帝师"，他数次奔赴东北，力劝溥仪不可充当日本傀儡。虽终未成功，但保持了其一生的爱国名节；作为"同光体"闽派著名诗人，他写下了不少反帝爱国、关心民瘼、以开放视野融通中外的优秀诗作，其诗作充分表明他是一位能追随时代进步潮流、关心国家命运、坚持民族正义、主张御侮图强的爱国诗人。此外，苍霞精舍的创办人还有一个共同的特点，那就是热心教育事业，创办了多所学校。综上所述，他们的精神品格是否可以称为"苍霞精神"？今天，福建工程学院的校训"真、勤、诚、勇"，正是这种精神品格的延续和弘扬。

新时期以来，福建工程学院的学科建设取得了跨越式的发展。虽然是以工科为主的大学，但其文科也取得了长足的发展。2011 年，学校成立"福建地方文化资源研究中心"，开始着手对福建地方文献的整理研究以及对林纾的研究。2014 年，学校获批福建省社会科学研究基地——地方文献整理研究中心，标志着我院在社会科学研究的某些方面已跻身于省内强校的行列。近年来，中心陆续在林纾研究、福建地方文献整理研究、福建历代文化研究、闽台文化研究、乡贤研究等领域取得了一系列新成果。国家社科项目的获批、社科论著的密集涌现、优秀社科成果和教学成果的获奖、优质学术团队的建设，都出现了令人鼓舞的新局面。本着以中心为依托，集中展示中心成员的优秀论著的目的，我们精心策划了"苍霞书系"。我们以"苍霞"来命名，一是为了呈现福建工程学院薪火相传的文脉传统，踵继前辈学者的优良学风，发掘"苍霞精神"的时代意义，温故知新，继往开来；二是为中心成员提供一个展示成果的平台，激励他们坚守学术理想，互相交流，互勉共进，以实干创造出更多的优秀成果。

愿我们大家共同努力！

吴仁华

福建工程学院

序

对于缪远兄，我与他虽神交已久，却一直无缘见面。去年，我偶然听他提起正在研究福建民间社会中的"境"，近日，缪远兄登门拜访时就带来了他的研究成果——《"境"：一种传统聚落空间形态的构筑模式》。如此艰深的文化课题，他居然能在这么短的时间内出色完成，着实令我钦佩不已。

关于"境"，东汉许慎《说文解字》释曰："境，疆也。从土竟声。"也就是说，"境"的本义为疆土，所谓国有国境，县有县境，村有村境。但随着历史的发展，"境"还特指一种基层乡治组织。在古代中国，不论是国家政权还是乡里村社，都有一套完善的体制。这套体制具有整体性、共同性、秩序性、等级性的特点。明清时期，在县级政权之下，还存在着"乡""都""图""里""保（堡）""团"等"乡里组织"。相对而言，"铺""境""社"属于"基层乡治组织"，是民间自治行为。以明清时期的福建地区为例，"铺""境""社"频见于契约、族谱、碑刻等民间文献之中，与城乡百姓的生活息息相关。

清华大学历史系余清良在其博士学位论文《明代"铺""境""社"含义考辨——以福建地区为例》中写道："在明代福建地区，主要见于东部沿海的福宁州、福州府、兴化府及泉州府地区。其中尤以福宁州本州及其所辖福安、宁德二县的记载最为明显。"在福宁地区，"铺""境""社"不仅在地方志中着墨颇多，还频繁出现在其他文献之中。如南宋大诗人陆游在担任宁德主簿期间，看到城郊村庄迎神的场面后，写下了"南陌东村初过社，轻装小队似还乡"的诗句。又如元代州人袁天禄兄弟组织了著名的"泰安社"。此外，宁德境内至今遗存有不少与"境"有关的文物，其中最早的是洋中镇钟洋村的一处须弥座石刻，该石刻的落款时间是明洪武二十八年（1368）。

缪远兄出身建筑世家，从小受家学熏陶，对民间传统文化兴趣浓厚。更值得称道的是，缪远兄未及而立之年就获得了博士学位，并在核心期刊上发表论文 20 余篇。缪远兄不仅在学术方面孜孜以求，精进不已，对民间古建筑的保护也极为关心。2019 年 2 月，宁德七都三屿村土地被征用后，该村翁氏宗祠的两座明末古建筑因无处安置，面临着被拆毁的命运。缪远兄闻讯后，联合其他文化界人士向当地政府建言献策。在他们的斡旋下，这两座明末古建筑最终被按原貌移建至福建工程学院的校园内。这两座明末古建筑能够得到妥善保护与利用，缪远兄可谓功不可没。

"路漫漫其修远兮，吾将上下而求索。"古人那种孜孜以求、精进不已的治学精神早已融入缪远兄的血液之中。我相信，在今后的学术道路上，缪远兄必将奉献出更多的学术成果，以回报整个社会。

是为序。

陈仕玲

庚子孟秋于抱冰庐

前　言

　　2011 年 12 月，在一次文化人类学课程的讨论中，我无意提及了家乡福建省宁德市老城区的一些境庙建筑，引起了导师邱上嘉教授的兴趣。除福建地区外，我国台湾地区的台南、台中、嘉义等地也遗存有大量的境庙建筑，并保留着类似的"境"文化现象。"境"之所以被视为文化现象，是因为"境"所包含的文化意涵是极其丰富的。"境"不仅承载了中华传统美学、哲学、建筑学等方面的文化意义，更重要的是，"境"是基于民间信仰的作用而形成的一种具有复杂文化特征的空间形态。它不是单一存在的物质形态，而是兼具主观意境的精神形态。

　　西方空间理论中，也有类似多元空间的研究。在过去的几个世纪中，人类游走于二元论的思维模式，在真实与想象、主观与客观、自然与文化之间对空间进行探索，并形成了三种空间认识模式。其中，"第一空间"主要关注空间具体形象的物质性，以及可用经验数据进行描述的事物。"第二空间"是感受和建构的认识模式，是在空间的观念之中构想出来的，缘于人类的精神活动，并再现了认识形式之中人类对于空间性的探索与反思。如果可以将"第一空间"称作"真实的地方"，"第二空间"称作"想象的地方"，那么，"第三空间"就是在真实和想象之外、又融合和构建了真实和想象的"差异空间"。[①] 闽台地区的"境"所具有的空间复合意义，和"第三空间"有着相似之处。因此，从本土空间文化现象出发，探索传统聚落空间形态的理论模型就是我写作本书的缘由。

　　在恩师邱上嘉教授的带领和指导下，我先后到台湾地区的台南市与台中市进行了田野调查。在调研过程中，我发现台南市的"境"与福建省泉州市的"境"不仅形似，而且神似。所谓形似，是指"境"的组成要素基本一致，均有以"境"为单

---

　　① ［美］索亚：《第三空间：去往洛杉矶和其他真实和想象地方的旅程》，陆扬等译，上海教育出版社，2005，第 9—20 页。

位对城市空间划分所形成的居住社区单元。由此可知，早期到台湾定居的福建先民所带去的不仅是"境"文化现象，还有以"境域"为单位的聚落区划与街区生活。所谓神似，是指我们询问台湾民众什么是"境"时，台湾民众的答案中都出现了"神灵""宫庙""住的地方""街区范围"等概念。这充分表明，台湾地区的"境"文化和祖国大陆是一脉相承的，特别是在闽台传统聚落中，境域空间所形塑的聚落形态的发展史，不仅是两岸的移民史与城乡建设史，更是可视化的空间研究素材。本研究试图在社会学和人类学的基础上，借由建筑学的图底关系法，将原本抽象的社会空间呈现为直观的图示语言，从中归纳总结出聚落形态的形塑规律。

本研究旨在以"境"为认识传统聚落的工具，通过考察"境"的空间表征及其对聚落形态的作用和影响，从而揭示传统聚落空间形态的构成模式和形塑规律，提出具有地域性特征的传统聚落的研究方法与思路。具体而言，本书的研究目的主要有三个：一、由于"境"是闽台地区特殊的空间文化现象，故以"境"作为研究对象，是希冀以一种更贴近本土地域文化的视角来探讨聚落形态。二、透过"境"现象，试图建立物质的建筑街区和非物质的社会关系、姓氏结构之间的纽带，探讨聚落空间的发展规律。三、已有研究多以单个聚落的纵向研究为主，较少有针对某一地区内多个聚落的横向研究。因此，本研究尝试以宁德地区为范围，从城市、乡镇、村落中选取具有代表性的多个境域社区进行研究，探讨不同层级聚落形态的共性与差异。

宁德地区虽然在福建省内属于城市经济发展相对滞后的地区，但是拥有相对完整的城乡空间旧貌、相对稳定的社会人口结构、源远流长的民风民俗，因此，在一定程度上为本研究提供了较为典型的案例。

目　录

导　论

在福建沿海地区和台湾中南部地区的传统聚落中，"境"常被用来指代城乡聚落空间的区划单元，类似于"居住社区"的概念。"境"是闽台地区独特的地域文化现象，它以民间信仰为纽带，通过民俗仪式、社会活动来界定社区单元的领域范围，自下而上地形成对聚落空间的划分，是延续至今的基层乡治组织。[①] 各地不同的境域形态，体现了聚落空间形塑的差异性。各个"境"形成的过程，也是传统聚落演变发展的过程。各地境庙、境主神、绕巡境仪式呈现出丰富的建筑形态、文化意涵以及社会学文本。本研究主要分为三个部分：首先，厘清"境"的空间概念与结构；其次，考察不同聚落层级中"境"的不同空间形态，探讨传统聚落的构成模式和形塑规律；最后，提出本土义化语境下的社会空间研究方法。

第一节　研究意义

"境"是空间理论的核心概念之一。在福建、浙江、广东的沿海地区，"境"常被用来指代城乡聚落空间的区划单元，是由居住在某一地域的，具有一定社会关系、共同信仰活动的人群所组成的居住空间单元。"境"包含四个必要条件，即境庙、街区、乡治组织及其社会活动行为。在民众的认知中，"境"既指具体的街区范围，又指抽象的"神佑"领域，是具有二元面向的空间概念。一方面，"境"是由具象实质的建筑（如道路、街区等）构成的物质环境，是显性客观环境的人居生

[①] 余清良先生指出："传统中国社会中对基层社会进行实质性管辖和控制的，兼有国家行政性和地方自治性双重功能的，包括官方建置或民间自组两种方式在内的各种形式的基层治理组织。"本研究借用余清良先生的"乡治组织"概念，但具体所指不同，"乡治组织"所指的是以"境"为单位的相关管理组织。参见余清良：《明代"乡""区""坊""厢""隅"含义考析——以福建地区为例》，《明史研究》2010年第1期。

存场域（site）。据《晋江县志》记载，明代福建泉州城区就已出现"隅→图→铺"的聚落区划格局。[①] 清末台湾地区的台南府城中，"境"是"段"以下的城市区划层级，与有形的构筑界面（段、街、巷）共同构成城市的空间级序。[②] 另一方面，"境"又是基于民众的社会关系、共同信仰活动等构成的社会空间。具体而言，在"合境平安"的诉求下，"境"内的乡治组织机构借由境庙主神进行绕境、巡境、安五营[③] 等民俗仪式，界定神明护佑的领域范围。绕境、巡境、安五营等民俗仪式不仅定义了神明护佑的范围，也界定了本境与外境的不同社会关系群体。"境"的空间范围所形成的境域，实质上是民众通过乡治组织及其仪式行为所构筑定义的社区范围和社会空间。从单个的"境"来看，是民众以境庙为活动平台，借由信仰、族群、产业等社会关系建立的组织机构（如境庙理事会等），通过形式多样的社会行为对聚落物质空间之下的社会空间进行的划分。这些大小不一的"境"，不仅是内容丰富且形式多样的社区类型，同时也作为空间单位，构成了一个完整的聚落。

目前，聚落空间形态方面的研究主要分为两个层面：一是物质层面的研究，主要从地理、水文、气候等自然因素，或从建筑、街道、社区等人造环境因素，来探讨自然环境、人造物质环境对聚落形态的影响；二是非物质层面的研究，主要从由人类行为、族群关系、文化心理等所构筑的社会空间入手，探讨抽象意义的空间形态。本研究将分别探讨"境"的物质空间与非物质空间，并解析二者相互作用下所形成的传统聚落空间形态。其中，物质空间是指由境域内的建筑物、周边环境、街巷、社区等实体构成的聚落物质空间形态，是构成"境"的具象实质环境，是构成境域的物质基础。非物质空间是指由民众的社会关系、社会活动形成的抽象空间，是基于具象"场地"上的"场所"。因此，本研究的意义在于通过"境"这一闽台地区独特的地域文化现象，在兼具物质空间与非物质空间的二元空间视角下，阐释传统聚落空间形态的构成法则及发展规律。

---

① [清]周学曾纂修：《晋江县志》，福建人民出版社，1990，第231—238页。

② [日]伊能嘉矩：《台湾文化志》上册，江庆琳等译，台湾书房出版有限公司，1991，第99—100页。

③ 安五营是目前我国台湾地区仍然保留的一种民间习俗，在村庄或社区的东、西、南、北、中五个方位安置圣物，以保平安。参见李丰楙：《"中央—四方"空间模型：五营信仰的营卫与境域观》，《中正大学中文学术年刊》2010年第1期。

第二节 研究模式与研究方法

一、研究模式

传统聚落，是指在纷繁复杂的社会行为下形成的空间组织体系。聚落的空间形态不仅是建筑三维空间共时性和四维时间历时性的呈现，还受到族群关系、自然环境、人类行为等众多因素的影响。本研究运用建筑学与社会学的跨学科研究方法，考察"境"的空间演变过程和形塑规律，建立建筑物质环境与社会抽象空间之间的联系，探讨聚落空间形态的构成法则。本研究的理论构架包括两个学科的：一是站在建筑学的人居环境视角，从具象化的建筑空间、形象化的仪式场所等可见的物质环境来认识聚落的物质空间形态。二是从社会学的空间维度，从族群关系、组织行为等现象入手，探讨"社会"与"空间"的形成过程，从抽象意义的空间角度认识聚落的非物质形态。此外，以文化人类学的神缘现象和社会人类学的血缘特征作为社会空间研究的着力点，打破将聚落形态理解为单一物质环境或社会结构的局限，突出人的主体性地位，探讨地域文化对聚落空间形态的影响。

二、研究方法

1. 文献研究

本书文献主要分为两类：一是有关社会学聚落空间方面的文献，二是有关"境"方面的史料文献。具体来说，首先，本书以国内外聚落空间方面的研究方法和研究理论为聚落空间研究的学理基础和方法论依据。其次，对已有的"境"研究成果进行归类整理，探讨境域的类型及其形塑规律。最后，梳理"境"的史料文献，从历时角度把握"境"的发展过程。总括而言，本书是关于"境"这一传统聚落空间的构成、类型、形成过程、形塑规律的动态研究。

"境"文献的获得途径有二，分别是书面的历史和口述的历史。书面的历史是指通过书面文献获得的材料，或由田野调查获得的契约文书、碑刻题字等文字资料。口述的历史是指通过对人物的访谈获得的口述历史资料。本研究运用文献研究的方法及思路可概括如下：

第一，归纳整理有关"境"的空间语汇，研究"境"的不同空间形态表征、形成原因、形构规律等。如"都境""铺境""联境"等所包含的聚落空间形态的意涵。

第二，检索《中国方志库》^①与《中国基本古籍库》^②中有关"境"的文献记录。以"境"为一级检索词，分别检索到 168098 条与 341494 条文献记录。通过梳理这些文献记录可发现，绝大多数有关"境"的社区描述都与我国福建省沿海地区有关，其中又以闽东的福州、宁德，闽中的莆田及闽南的泉州为多。因此，笔者依据地方志提供的线索，前赴福建各地进行调研取证后，决定以闽东宁德地区为主要调研地点。本书引用的地方志与古籍资料大部分来自《中国方志库》与《中国基本古籍库》。

第三，借助建筑学的图底关系法，建立境域与社会结构二者之间关系的图示化语言，观察社会关系、结构对境域形态的影响。

本研究的文献资料获取途径主要有三：

①地志与方志。《中国方志库》数据库收录了汉魏至民国时期（公元前 11 世纪至 20 世纪初）所有的地方志著作。其收录的著作数量达到一万多种，其内容涉及"境"的地域位置，"境"所属县、乡、都等空间区位等。借助梳理不同历史时期的地方志，我们可以对"境"的地域位置、历史变迁、境庙建筑等情况有一个大致的了解。

②古籍资料。《中国基本古籍库》中收录的与"境"有关的历史事件、民间故事等，为本研究提供了诸多富有生活气息的鲜活案例，从政治、经济、社会、生产等方面诠释出"境"的不同空间意义。

③调查资料。调查资料是指透过人物访谈和田野调查所获得的科仪书、符箓、宫庙志、族谱、碑刻等民间文献。与官方编撰的地方志不同的是，民间文献呈现了"境"在具体生活场景下的不同形态意义，以及"境"与人的相互依存关系，更贴近于当地社会与当地人群的现状。因此，相对于地方志中静态的境域描述来说，民间文献呈现了境域动态发展变迁的过程。

---

① 《中国方志库》，http://210.34.4.20/cn/detail.asp?pid=3&sid=3214，查询日期：2015 年 3 月 20 日。

② 《中国基本古籍库》，http://210.34.4.20/cn/detail.asp?pid=3&sid=731，查询日期：2015 年 3 月 20 日。

2. 田野调查

田野调查是本研究至关重要的研究方法之一，是最直观了解"境"空间存在形式的方法。在文献研究的基础上，对宁德地区现存的"境"聚落进行深入的观察分析。主要工作方法有三：

观察"境"在聚落中的具象形态表征。对于由巷、街、坊等划定的境间，以及由境庙、角头庙、贞定物等界定的领域范围，运用建筑图学的方法呈现"境"在具象场域的空间结构。

②对于没有明确边界的境域社区，透过参与绕境等与"境"有关的活动，观察仪式活动如何形塑"境"的神圣领域、"境"的空间形构受到哪些因素的影响、不同的仪式活动对"境"的空间形构产生的不同影响，等等。

③调查同一个聚落框架下不同境域的空间结构。例如，通过丁口钱[①]来考察人群社会关系所构筑的境域空间结构，建立聚落空间结构与人群社会之间的关系。

第三节　名词解释

"境"：一种空间演变的文化现象。本指某一地域范围内的人群，以共同信仰为关系纽带形成的具有明确边界的居住社区单元。由于信仰群体的组织功能日益淡化，"境"如今已成为一种人居环境的社区空间划分。

境域：以"境"为单位划分的空间区域。较小的聚落由单个境域构成，较大的聚落则由多个境域组成。

境主神：各"境"内主祭祀的唯一神明，也是各"境"内的信仰核心。有些"境"的主神为当地的地方神明，又称"社头公""土主"等。

境庙：代表"境"内各境域的唯一宫庙，供奉境主神。

绕境：通常是本境主神的诞辰或是其他重大节日时，本境主神绕行"境"内区域及境域边界的仪式活动。

巡境：通常是"境"外神明的神阶高于本"境"神明，或本"境"神明是由巡境神明分香[②]而来时，"境"外神明绕行"境"内区域的仪式活动。

---

① "丁口钱"是指社会组织机构（如境庙理事会等）向境内每户家庭的成年男子征收的一种赋税。

② "分香"是指将从祖庙恭请的神像、香灰或其他显圣物等，带至新建的宫庙奉祀。

第四节 相关研究整理

本研究的理论基础主要分为国外城市空间理论与国内传统聚落理论。具体来说，本研究试图以国外社会空间研究的重要理论成果与研究方法为理论依据，结合国内传统聚落研究的既有成果，研究"境"的空间概念与结构，探讨传统聚落的发展规律。

一、国外社会空间研究

（一）社会结构

早期社会学研究虽然没有建立完整的"社会空间"理论体系，但也形成了许多富有洞察力的创见。如早在19世纪，一些社会学家就开始关注城市社会空间这一重要领域。恩格斯为了揭示城市的贫富差异现象，对19世纪曼彻斯特的居住情况进行研究，将英国社会划分为穷人和富人两大阶层，并将其投影到城市空间，描绘出曼彻斯特的住宅分离景观模式。① 并在社会结构的空间语境下，讨论城市社会问题。《牛津社会学简明词典》对"社会结构"的解释是："一个被宽泛地用来指代某些社会行为循环发生模式的词语；或者更具体地说，是指社会系统或者社会的不同元素之间的组织。"在这个非常笼统的解释后，词典又进一步指出："但是，通常没有一个被大家所一致同意的意义，试图提供一个简明扼要定义的努力被证实是非常不成功的。"② 《哈珀柯林斯社会学词典》对"社会结构"的解释是："社会元素的一些相对持久的模式或者相互影响……一个特定社会里社会安排的或多或少的持久模式……尽管其普遍使用，但社会学中不存在关于社会结构的统一概念。"③ 两部词典均强调指出，"结构"的核心思想是各元素的构成模式及其组织方式。

社会结构的观察视角，为本研究提供了一种通过可视化研究对象来观察抽象社会空间的方法。可视化对象既可以是具体的族群，也可以是社会系统下的具象化的组织、机构、团体等。本研究旨在观察不同的社会元素如何形成并维系一种较为稳

---

① ［德］恩格斯：《论住宅问题》，曹葆华、关其侗译，人民出版社，1951。

② Gordon Marshall, *The Concise Oxford Dictionary of Sociology* （Oxford ： Oxford University Press,1994），p.517.

③ David Jary, *The Harper Collins Dictionary of Sociology* （New York: Harper Collins,1991） ,p.597.

定的社会空间状态，并将社会空间的模糊性和多义性加以形象化阐述。

（二）社会秩序

德国社会学家盖奥尔格·西美尔（Georg Simmel）在《社会学：关于社会化形式的研究》一书中，专辟"社会的空间和空间的秩序"一章来讨论社会中的空间问题。他提出："空间从根本上讲只不过是心灵的一种活动，只不过是人类把本身不结合在一起的各种感官意向结合为一些统一的观点的方式。"① 美国社会学家、芝加哥学派的主要代表人物之一的伯吉斯（E.W.Burgess）提出的同心圆模型理论，从地理学的视角，对城市发展的过程和特征进行描述。同心圆模型理论把城市的空间结构——社区视作一种生态秩序，并借用生物学的生态理论来研究社区的空间格局。美国芝加哥学派将城市视为一个相互依赖的社区共同体，把城市空间看作一种纯粹的自然现象，认为城市空间区位结构和社会结构是物竞天择的结果，人类通过群体的发展来适应迅速变化的城市环境。"这种具有美式社会学风格的研究过分注重物质性的空间，和欧洲风格的侧重抽象空间研究一起，形成早期空间社会研究的两个极端"。② 滕尼斯在《共同体与社会》一书中通过对比乡村生活和城市生活，内在地表达了对空间的强调。他把社会生活的组织形式分为以乡村为特征的礼俗社会和以城市为特征的法理社会，而这两种社会是与不同的社会行为模式对应的不同社会空间形式。③ 具体而言，城市空间通常是由权力机构自上而下划分的规划空间，是少数人在较短时间内完成的社会行为，由此形成了规整的街道和有序的功能分区。乡村空间往往是基层民众个体或集体意志的反映，是自然社会发展演化的结果。不同社会秩序下的行为模式形成了社会空间的差异，造成了城市与乡村在聚落形态上的不同。

由人类的行为活动建立的社会秩序，呈现出人类社会生态下的一种社会空间平衡与发展关系模式。在中国传统聚落中，由城市的公权法制与乡村的民间自治所形成的空间形态差异，也是社会秩序管理的呈现。不同社会秩序所形成的社会空间差

---

① ［德］盖奥尔格·西美尔：《社会学——关于社会化形式的研究》，林荣远译，华夏出版社，2002，第 460 页。

② 叶涯剑：《空间社会学的缘起及发展——社会研究的一种新视角》，《河南社会科学》2005 年第 5 期。

③ ［德］斐迪南·滕尼斯：《共同体与社会：纯粹社会学的基本概念》，林荣远编译，北京大学出版社，2010。

别，也是传统聚落形态存在的差异。

（三）空间生产

第二次世界大战后，世界迈入了全球化时代。列斐伏尔（Henry Lefebvre）认识到城市空间在全球化中的重要意义，并以马克思主义理论为基础，对资本主义城市空间展开批判性研究。列斐伏尔提出，城市空间是资本主义的产物，资本主义通过占有空间以及将空间整合进资本主义的逻辑而得以维持存续。空间长久以来仅作为一种消极被动的地理环境或一种空洞的几何学背景，现在它已经成为工具。即城市空间不再是一种纯粹的科学对象，而是社会关系、经济结构和不同团体间的政治对抗形成的结果。[①]

福柯认为，城市的形态实际上暗含着一种巧妙的统治目标，存在着一种城市的权力政治，即权力是借助城市中的空间和建筑布局来实现和发挥作用的。无论是单个的建筑，还是一片建筑群，都可以被设计作为统治之用，建筑变成了政治学的技术。一个个秩序井然的城市空间就像一台台统治机器，城市在这个意义上仅仅是一种非人格化的物质机器，它将空间的管理能力发挥到了极致。福柯提出："我们生活于其中的空间，将我们从自身中抽取出来。这种空间撕抓和噬咬着我们，这是一个异质性的空间，这是一个可以安置各种个体和事物的空间。"[②]列斐伏尔也认为，人类从根本上来说是空间性的存在者，总是忙于进行空间与场所、疆域与区域、环境与居所的生产。这里包括"生产的空间性过程"或"制造地理的过程"，因此在20世纪90年代后期出现了跨学科的空间转向。[③]

福柯对于空间的创造性解释在于，揭示了一种系统的空间关系，以及对于空间、知识和权力的社会学考察。由此可知，福柯的学术取向是一条整合性的路径，而不是一种解构性的路径。

（四）"第三空间"理论

20世纪60年代后期，以田园城市思想为代表的规划意识对欧洲城市郊区化产生了重要影响。与此同时，全球化导致的城市产业资本的重新配置、城市劳动力从制造业向服务业转移，导致了全球性的经济危机。曼纽尔·卡斯特尔（Manuel

---

① Henry Lefebvre,*La revolution Urbaine*（Pairs: Gallim-ard,1970）.

② ［法］米歇尔·福柯：《规训与惩罚》，刘北成、杨远婴译，生活·读书·新知三联书店，2003，第22页。

③ 潘泽泉：《空间化：一种新的叙事和理论转向》，《国外社会科学》2007年第4期。

Castells）、大卫·哈维（David Harvey）等新城市社会学者受列斐伏尔空间思想的影响，从空间视角对城市危机和社会问题进行研究，空间由此成为理解和分析城市社会发展与变迁的独特理论视角。哈威指出，对于"什么是空间"的问题应该代之以"不同的人类实践如何创造与使用不同的空间概念"，空间是包含在客体之中，客体只有在他本身之中包含并且表现了与其他客体的关系时，此客体才会存在。[①]

由于现代主义的弊病在过去几十年间不断显露，大城市成为现代主义的试验场，新的城市研究思维、新城市社会学的宏观空间架构也应运而生。在此背景下，爱德华·索亚 (Edward W. Soja) 推出了著名的"空间三部曲"。《后现代地理学：社会批判理论中空间的再确认》《第三空间：去往洛杉矶和其他真实和想象地方的旅程》《后大都市：城市和区域研究》。《后现代地理学：社会批判理论中空间的再确认》[②] 倡导重新思考空间、时间和社会之间的辩证关系。《第三空间：去往洛杉矶和其他真实和想象地方的旅程》[③] 提出，第三空间既是生活空间又是想象空间，其是作为经验或感知的空间的第一空间和表征的意识形态或乌托邦空间的第二空间的本体论前提，可视为政治斗争你来我往川流不息的战场。《后大都市：城市和区域研究》探讨了主要以洛杉矶为范例的当代后大都市，是否已经成为一个大变革、大动荡的转化场景，由之前因危机生成的重建，转向因重建生成的危机。它提供了一个既是本土的又是全球的研究视角，由此窥探《第三空间：去往洛杉矶和其他真实和想象地方的旅程》中所界定的空间"三元辩证法"的利弊得失。

20 世纪后半叶，社会学界对空间的思考主要呈现为两种向度：空间或被解释为具体的物质形式，可以被标示、被分析、被解释；或被解释为精神的建构，是关于空间及其生活意义表征的观念形态。索亚分别将其概括为"第一空间"和"第二空间"。[④] 其中，"第一空间"是"真实"的空间，是一套物质化的空间性实践，强调空间中的物体，在根本上是一种唯物主义方式，被物理化或经验意识为形式的过程。其可以采用观察、实验等经验手段来直接把握。"第二空间"是一种"构想性

---

① David Harvey,*The Condition of Postmodernity: An Enquiry into the Origins of Cultural Change* (Cambridge MA & Oxford UK: Blackwell，1989）.

② ［美］索亚：《后现代地理学：重申批判社会学理论的空间》，商务印书馆，2004。

③ ［美］索亚：《第三空间：去往洛杉矶和其他真实和想象地方的旅程》，陆扬等译，上海教育出版社，2005，第9—20页。

④ ［美］索亚：《后大都市：城市和区域的批判性研究》，李钧等译，载包亚明主编：《都市与文化译丛》，上海教育出版社，2006。

空间""思维的图示""空间中的思想"。可见，"第二空间"倾向于主观性，是思想性和观念性的领域，其侧重于构想的空间，而不是感知的空间。因此，"第二空间"形式是从构想的或者说想象的地理学中获取观点，进而将观点投射到经验世界的。

有学者提出，二元区分的思考模式轻视了空间及人类空间其他形式的复杂性和活力，把生活空间的特殊性简约为某种固定的形式，人类生活内在的、动态的充盈问题的空间被固化。[①] 有学者则开始反思空间概念的意涵，并试图提出新的研究思路。《人文地理学词典》在阐释"空间"概念时，归纳了欧美学界对"空间"概念的思考：1. 撼动了根深蒂固的二元论，使时间与空间得以二元分立；2. 空间与时间是通过行动与互动作用而生产或建构的；3. 空间与时间不能固着于固定的区隔、量度的间距，或是规律的几何学，空间必然会导致多元与多重性；4. 空间的生产不能脱离自然的生产。[②]"第三空间"认识论在质疑"第一空间"和"第二空间"思维方式的同时，也在向先者注入传统空间科学未能认识到新的可能性，来使它们把握空间知识的手段重新恢复活力。索亚强调，"在第三空间"里，一切都汇聚在一起：主体性与客体性、抽象与具象、真实与想象、可知与不可知、重复与差异、精神与肉体、意识与无意识、学科与跨学科等，不一而足。[③]"第三空间"鼓励人们用不同方式去思考空间的意义底蕴，思考地点、方位、方位性景观、环境家园、城市及人文地理等相关概念，力求抓住观念、事件、外观和意义的事实上不断变化位移的社会背景。"第三空间"试图探讨人类生活的历史性、社会性和空间性的"三维空间"，空间性的维度将会在历史性和社会性的结合中注入新的思考和解释模式，有助于我们在经验研究中思考历史、社会和空间的共时性、物质性及其相互依赖性。[④]

在保留"境"文化的福建地区传统聚落社区中，民众对于"境"的空间认知就是一个类似于"第三空间"的多重空间综合体概念。"境"，一是指具有边界范围的社区范围；二是指"境主神""护境大王""社头公"等通过绕境等民间祭祀行为所界定的领域边界；三是指民众对于"境"的理解与表述往往是前两者叠加之后的复合空间概念。"第三空间"的视角为本研究提供了一种从空间结构上进行系统分级

---

① 潘泽泉：《空间化：一种新的叙事和理论转向》，《国外社会科学》2007 年第 4 期。

② Derek Gregory，*The Dictionary of Human Geography* (Oxford: Blackwell,2000),p.709.

③ 陆扬：《空间理论和文学空间》，《美学研究》2005 年 11 月 29 日。

④ ［美］索亚：《第三空间：去往洛杉矶和其他真实和想象地方的旅程》，陆扬等译，上海教育出版社，2005，第 9—20 页。

的理论依据。

（五）社会空间的"文化转向"

随着文化社会学的兴起，文化被赋予比社会结构更大的重要性。[①]20 世纪 90 年代，空间研究领域出现了"文化转向"，文化研究与空间研究实现了融会贯通。新文化地理学是地理学的"文化转向"和"文化研究"以及社会科学普遍的"空间转向"之后的学术互动产物。[②]新文化地理学涉及不同的研究主题，如主体认同、族群、性别、地方感、空间政治等，这些主题都与"文化再现"密切相关，与之前的经济向度、政治向度形成了鲜明对照。与空间相关的其他领域（如建筑学、都市研究、人文地理学等）也大量借鉴文化社会学的概念和主题，在赋予文化地理学更深层次的质感的同时，也引起其他领域对文化议题的关注与探讨。近年来，文化地理学方面出版成果的迅速增多，说明这种文化转向已经累积了一定的能量。[③]

1. 文化人类学

19 世纪下半叶，人类学才逐渐系统化。齐学红指出，和其他学科一样，人类学在起初阶段热衷于探讨人类社会中各种制度的萌发，如人类的起源、宗教的起源、法律的起源、婚姻的起源等。[④]这种学术倾向一直持续到 20 世纪上半叶。人类学者试图通过对非洲、南美洲、北美洲、太平洋岛屿等远离欧洲和现代工业、被当作"原始"或"简单"社会文化的研究，探讨人类社会初始阶段的各种制度和意识形态。

第二次世界大战后，随着人类学的发展，尤其是人类学者在与被研究对象的互动中，产生对自身研究经验的补充以及对自身社会文化的反思，从关注简单社会文化转而关注文化的历史脉络发展。摩尔根（Lewis Henry Morgan）在《古代社会》一书中，以房间功能为切入点，讨论美国印第安人亲属之间的关系所形成的空间。

---

① Douglas Kellner, *The Postmodern Turn: Positions, Problems and Prospects*(New York: Columbia University Press,1990),p.269.

② 李蕾蕾：《当代西方"新文化地理学"知识谱系引论》，《人文地理》2005 年第 2 期。

③ 参考并汇总整理以下文献：Peter Jackson, *Maps of Meaning: An Introduction to Cultural Geography* (London:Unwin Hyman, 1989) ; Mike Crang, *Cultural Geography* (London: Routledge, 1998) ; Kay Anderson, Fay Gale. (eds), *Cultural Geographies (2nd edition)* (London: Longma, 1999) ; Donald Mitchell, *Cultural Geography: A Critical Introduction* (Oxford: Blackwell, 2000) .

④ 齐学红、李云竹：《空间转向的人类学意义》，《当代教育与文化》2011 年第 3 期。

①摩尔根在《印第安人的房屋建筑与家室生活》一书中进一步阐释了聚落与家屋所表达的空间意义，及家屋空间和社会结构、生活习俗之间的关系，并提出以氏族为基本单位的组织体系——"氏族—胞族—部落—部落联盟"。从建筑的视角，解释印第安人的交往礼仪、生活方式、土地使用情况、饮食习惯等民族志方面的内容，以社会组织结构为空间轴，解释空间、建筑、人的行为活动之间的关系。摩尔根的结论是："这些建筑和印第安部落的风俗习惯是协调一致的。对于不同聚落和住宅，将其平面布置和结构方式进行比较，以指出它们代表同一体系。"②摩尔根创立了空间关系学的基本雏形，并最早将人类社会的族群文化与聚落形态联系在一起。他对人类学的重要贡献在于，通过把人类聚居的载体——聚落和构成聚落的住宅引入文化人类学领域，将建筑学与人类学结合起来，从而站在更高的角度追溯聚落的生成与发展。虽然摩尔根对于空间的探讨仅停留在个案研究层面，其研究范围也并未超越原始聚落，但其从人类族群演化的角度分析时空的方法对其后的人类学研究具有深远的影响，直到法国社会学家埃米尔·涂尔干（Emile Durkheim），有关空间的研究才具有社会科学的理论意义。涂尔干认为，社会集体产生人群的分类；在对社会现象进行概念上的分类时，这种分类往往来自社会分类本身。也就是说，一些空间现象来源于社会结构的差异性。涂尔干提出时间、空间等最基本的抽象概念和分类方式，并将时间、空间与社会组织紧密结合在一起，其研究带动了空间分类、社会分类等经验研究的发展。其中，法国社会学家马塞尔·毛斯（Marcel Mauss）与布卡特（H.Beuchat）在分析因纽特人时，把空间视作社会与文化的建构，这对人类学在空间领域的研究产生了深远的影响。③

2. 生态人类学

20世纪以来，人类学主要有三个研究角度，即观念的人类学、社会结构的人类学、生态的人类学。④生态人类学是指运用人类学的理论和方法研究人类、生态环境及文化之间复杂关系的一门人类学分支学科。美国学者维达（Andrew P.Vayda）

---

①　[美]摩尔根：《古代社会》，陈德正译，天津人民出版社，2010，第309—311页。

②　[美]摩尔根：《印第安人的房屋建筑与家室生活》，秦学圣等译，文物出版社，1992，第147—158页。

③　M.Mauss &H. Beuchat,*Ecology, Technology, Society: Seasonal Variations of Eskimo Morphology*,1906；Marcel Mauss & H. Beuchat,*Seasonal Variations of the Eskimo: A Study in Social Morphology*(London: Routledge & Kegan Paul Books, 1979).

④　[美] R. 内亭：《文化生态学与生态人类学》，《民族译丛》1985年第3期。

和拉帕波特 (Roy A Rappaport) 于 1968 年最早使用"生态人类学"一词。① 时至今日，仍有一些学者习惯用"文化生态学"来指代"生态人类学"。两者实际上是不同的概念。有学者认为，从范畴上来说，文化生态学是生态人类学的一部分，文化生态学侧重于研究人类的社会文化特质与环境之间的关系，而生态人类学除关注这些外，还关注人类的生物特质与环境之间的关系。②

20 世纪 70 年代是空间研究的关键时期。在欧洲，随着新马克思主义城市理论的兴起，人类学者在经验研究中开始关注社会性、历史性和空间维度的同质性和关联性，关注城市空间对人的意义以及创造容纳社会生活的场所的行为。③ 新马克思主义城市理论主张"在资本主义生产方式的理论框架下去考察城市问题，着重分析资本主义城市空间的生产和集体消费，以及与此相关的城市阶级斗争和社会运动；力图揭示城市发展如何连接、反映和调节资本主义基本矛盾，以及如何体现出资本主义的运作逻辑"。④ 美国学者费雷（W.Firey）提出文化区位理论，并把文化因素引入城市空间研究。费雷认为，文化有其象征功能，独立于经济之外；空间本身也可以成为一种工具，在人们的聚居过程中起关键作用。⑤ 这以一理论来反观"境"文化现象便可发现，在举行了"巡境""绕境""安营"等祭祀仪式之后，"境"文化空间的特性才被重新界定。因此，在信仰行为的文化语境下，仪式使一般意义的人居空间转换为文化空间。

20 世纪 80 年代以来，空间研究发展成一门独立的学科。在后现代主义思潮影响下，空间研究大多与现代性相联系，并对现代性进行反思。福柯认为，城市空间是权力的统治机器。吉登斯在其现代性研究以及结构化理论中，赋予时间和空间同等重要的地位。结构论的奠定者列维－斯特劳斯（Claude Levi-Strauss）是第一个将结构主义语言学方法运用于社会文化分析的文化人类学家和结构主义大师。20世纪 80 年代以后，布厄迪（Bourdieu）对以往的空间研究进行了强烈的批评。列维－斯特劳斯运用结构主义语言学方法处理象征系统时，只是建构二元对立的观念，而对人的主观能动性缺少考虑。斯特劳斯认为，象征符号本身并不是由二元的

① 庄孔韶主编：《人类学通论》，山西教育出版社，2003。
② 齐学红、李云竹：《空间转向的人类学意义》，《当代教育与文化》2011 年第 3 期。
③ 潘泽泉：《当代社会学理论的社会空间转向》，《江苏社会科学》2009 年第 1 期。
④ 张应祥：《新马克思主义城市理论述评》，《学术研究》2006 年第 3 期。
⑤ Walter Firey,*Land Use in Central Boston*(Westport Connecticut: Greenwood Press,1975).

意指与意符构成的，而是由 sign、object、interpretant 三个元素构成的，并以人为主体去解释空间象征系统。索亚以斯特劳斯的空间理论为基础，提出了"第三空间"理论。

20 世纪末是社会空间经验研究不断拓展的时期。学界开启的"空间转向"以及对于空间研究的反思，使建筑、城市规划设计以及文化研究等学科相互交叉渗透。城市空间作为一种"人工"的物质构造，通过地理环境、功能区块分布、交通体系、居民人口分布、建筑样式设计等诸多因素的综合作用，以"空间布局"的形式倡导和制约"人"的活动。"空间面向"在城市文化中发挥着特别重要的作用，它提供了一种理解城市的新方式，将原来属于不同领域的现象，以空间的线索串联起来，空间由此变成一个涵盖多学科的综合体。[1]

西方关于社会空间的研究，多以城市为研究对象。需要指出的是，乡村社会空间与城市社会空间有着较大的差异。中国的乡村社会空间是指以同宗、同乡或共同信仰为构建基础，根据以血缘、"神缘"、地缘为主的社会关系划定而形成的不同乡村聚落的社会空间类型。在城市，由于社会关系比乡村更为复杂，其社会空间与乡村社会空间具有很大的不同。1988 年，台湾学者夏铸九以台湾彰化平原的空间变迁为研究对象，运用空间理论对台湾地区整体的空间结构进行了分析。[2] 更为重要的是，他提出了一个与三元空间观相对应的分野，即经济—政府/政策—文化视野。此后，夏铸九还将西方空间理论，特别是将卡斯特尔（Manuel Castells）的空间理论引入台湾学界。2003 年前后，夏铸九将研究兴趣转向世界都市研究，并对台北市的变迁进行了系统研究。

大陆学界对空间理论的接触，要略晚于台湾学界。与空间视角、空间理论相关的研究成果大都出现在 2003 年以后。根据大陆学者陈薇的整理，大陆学者对空间

---

① 潘泽泉：《当代社会学理论的社会空间转向》，《江苏社会科学》2009 年第 1 期。
② 夏铸九：《（重）构公共空间——理论的反省》，《台湾社会研究季刊》，1994 年第 1 期。夏铸九：《空间形式演变中之依赖与发展——台湾彰化平原的个案》，《台湾社会研究季刊》1998 年第 1 期。夏铸九、刘昭吟：《全球网络中的都会区域与城市：北台都会区域与台北市的个案》，《中国大陆、香港、澳门、台湾两岸四地城市发展论坛论文集》，2002。

的研究主要集中在对空间视角、空间理论的翻译和综述方面。[①] 相关研究成果可大致分为两类：第一，翻译或介绍西方空间理论方面的著作。研究者们从解读文本出发，将空间要素与现代性联系起来，介绍西方空间理论的根源、发展脉络等。第二，从引介新城市社会学入手，分析西方的空间理论。研究者们普遍关注芝加哥学派以及新马克思主义城市社会学理论中的空间思想，尤其是对列斐伏尔城市理论中的空间思想论述甚多，对其他流派的空间理论也有所涉及。此外，研究者们还对中国城市的形态空间、社会空间、宏观形态结构、微观形态结构、城市生活质量等进行了综合研究，构筑了"中国城市的社会－生活空间研究框架"。上述研究为中国城市社会空间研究提供了十分重要的理论依据。[②]

大陆学界早期的空间研究主要是面向乡村展开的。20 世纪，乡村社会变迁始终是中国历史变迁的主要内容。这不仅是因为村庄聚落的数量庞大，而且从传统文化遗存的层面而言，我国乡村大都保留着传统的生活形态。[③] 因此，村落社区研究一向是中国社会结构研究中非常重要的一部分。自 20 世纪 80 年代人类学在大陆恢复重建以来，经过几代学者的努力探索，中国人类学无论是在理论方面还是在实践方面均取得了长足的发展，形成了一些本土化的社会学与人类学研究方法。[④]

二、国内传统聚落的社会空间研究

在中国，城市聚落形态与乡村聚落形态的差别较大。由于受到封建礼法制度的制约，城市聚落在发展过程中形成了一套相对标准模式化的营造体系。因此，对于城市聚落的社会空间的讨论，往往从各阶级的分布状况切入，并借助图底关系法，将不同类型建筑所界定的城市功能分区进行构图解析，把城市聚落视为可以容纳不

① 包亚明主编：《现代性与空间的生产》，上海教育出版社，2003。高峰：《空间的社会意义：一种社会学的理论探索》，《江海学刊》2007 年第 2 期。胡大平：《社会批判理论之空间转向与历史唯物主义的空间化》，《江海学刊》2007 年第 2 期。何雪松：《空间、权力与知识：福柯的地理学转向》，《学海》2005 年第 6 期。何雪松：《社会理论的空间转向》，《社会》2006 年第 2 期。任平：《论空间生产与马克思主义的出场路径》，《江海学刊》2007 年第 2 期。童强：《论空间语义》，《厦门大学学报（哲学社会科学版）》2005 年第 4 期。汪民安：《空间生产的政治经济学》，《国外理论动态》2006 年第 1 期。叶涯剑：《空间社会学的缘起及发展——社会研究的一种新视角》，《河南社会科学》2005 年第 5 期。

② 蔡禾、张应祥：《城市社会学：理论与视野》，中山大学出版社，2003。张应祥：《资本主义城市空间的政治经济学分析——西方城市社会学理论的一种视角》，《广东社会科学》2005 年第 5 期。张应祥、蔡禾：《新马克思主义城市理论述评》，《学术研究》2006 年第 3 期。

③ 王兴中等：《中国城市生活空间结构研究》，科学出版社，2004。

④ 李善峰：《20 世纪的中国村落研究：一个以著作为线索的讨论》，《民俗研究》2004 年第 3 期。

同阶级族群、社会活动的空间容器，揭示城市社会空间的发展规律。与城市聚落相比，乡村聚落的建筑类型、功能分区等均较为简单。乡村人居环境的构筑物主要有民居和宫庙类建筑等。乡村的社会结构由村民之间的血缘关系决定，故通常维持着一种相对稳定的状态。下面，拟分别从宗族、经济、文化、建筑、民间信仰、移民与土地开发等方面，按照研究成果的发表时间，对国内传统聚落的社会空间研究情况进行归纳。

（一）宗族

宗族，又称"家族"，就是以血统关系为基础而形成的社会组织，是中国乡村内部许多社会关系与社会行为发生联系的重要纽带。中国乡村社会的历史性变革从 20 世纪初开始，中国乡村的社会学研究也由此展开。1899 年，美国传教士明恩溥（Arthur H. Smith）出版了《中国乡村生活》[①] 一书，对中国农村进行了丰富的场景记述。但是第一个采用社会学、人类学的田野调查法对中国村落展开研究的，是美国学者葛学溥（Daniel Harrison Kulp）。1925 年，葛学溥在《华南的乡村生活：广东凤凰村的家族主义社会学研究》[②] 一书中提出，要想真正了解中国的乡村生活，必须深入现场，对中国乡村的外部环境、村落内部、家庭等方面进行系统的综合研究。相对于 20 世纪初西方传教士出版的游记、报道等图文史料，葛学溥的研究方法更具方法论上的借鉴意义。葛学溥将斯宾塞、摩尔根、涂尔干等社会学、人类学先驱的理论与方法创造性地运用于中国社会，其研究方法被从事中国社会研究的中外学者广泛采用。二十世纪三四十年代，随着社会学、人类学的发展，中国的村落研究逐渐从广泛的"社会调查"聚焦到规范的"民族志"研究。[③]

1. 结构—功能

二十世纪三四十年代，社会学、人类学的发展对中国的村落研究产生了重要的影响。一批本土学院派学者聚集在吴文藻"社区研究"的旗帜下，对中国的村落社区进行了系统研究。如林耀华在调查福州义序地区的黄氏宗族村落时，采用了"结构—功能主义"的研究方法。他详细记录并分析了闽东乡村宗族祠堂、宗族组织在村落生活中的作用、宗族与家庭结构的关系与作用。林耀华认为，祠堂是宗族的精

---

① ［美］明恩溥：《中国乡村生活》，午晴、唐军译，时事出版社，1998。
② ［美］葛学溥：《华南的乡村生活：广东凤凰村的家族主义社会学研究》，周大鸣译，知识产权出版社，2012，第 181—185 页。
③ 李善峰：《20 世纪的中国村落研究——一个以著作为线索的讨论》，《民俗研究》2004 年第 3 期。

神核心、象征符号，其负责乡村的日常事务和重要社会事务，具有多重社会功能。"宗祠祭祀，是为家族的宗教的功能，迎神赛会，是为宗教的娱乐的功能；族政设施，是为政治的法律的功能；族外交涉，是为政治的社交的功能"。① 林耀华对"宗族"的分析，对深化聚落研究具有重要的意义。就调查方法而言，林耀华深受功能学派的影响，从"考据"式的拜祖研究转向以田野调查为主的功能与实证研究，标志着中国的村落研究从社会学转向人类学。林耀华的《金翼：中国家族制度的社会学研究》分别于 1944 年、1948 年在美国和英国出版。该书以黄、张两个家族的故事为主线，描述了 19 世纪末至 20 世纪 30 年代，闽江中游乡村地区的宗族、农业、商业、民俗、信仰等。林耀华认为，人类社会的平衡状态就像由竹竿和橡皮带所组成的框架结构，任何时候任何一个有弹性的皮带和一根竹竿的变化都可以使整个框架瓦解。"人际关系的体系处于有恒的平衡状态，我们即可称之为均衡。但这种均衡状态是不可能永远维持下去的，人类生活就是摇摆于平衡与纷扰之间，摇摆于均衡与非均衡之间的。林耀华强调指出，东方乡村社会与家族体系的缩影，展示了种种人际关系的网络，它是运用社会人类学调查研究方法的结果。总之，从社会结构和功能的角度研究中国宗族制度的模式，为中国乡村的社会空间研究提供了思路与方法。

2. 差序格局与礼制秩序

费孝通先生于 1949 年提出的"差序格局""礼制秩序"等概念，② 是对中国乡村传统社会结构以及由其产生的社会空间的理论概括。若将中国乡村传统社会结构进行解构便可发现，"差序格局""礼制秩序"分别代表了中国乡村文化的两个典型层面，为研究中国乡村的社会空间提供了基本方法。例如，从"差序格局"的角度来看，中国的村落形态以个人为中心，以血缘关系为半径，在宗族→家族→家庭→个人的关系结构下，形成村庄整体→房份单元→建筑院落→房间的空间层级，建筑空间的逻辑层级关系反映了宗族社会结构的亲疏远近。"礼制秩序"更多地表现为道德规范、乡约规范等，起到协调乡村社会关系、约束乡村民众社会行为的作用。"礼制秩序"形成了空间的秩序性、逻辑性。例如，福建闽南和金门的部分乡村地区规定，在宫庙建筑前以及宗祠家庙后的一定范围内，是不允许修建民居住宅的。

---

① 林耀华：《义序的宗族研究》，生活·读书·新知三联书店，2000，第 48 页。
② 费孝通：《乡土中国》，生活·读书·新知三联书店，1985，第 29—40、68—76 页。

"差序格局""礼制秩序"是从中国农村传统社会生活中提炼出来的概念，是观察中国乡村社会、中国乡村社会空间的重要方法。

（二）经济

农耕经济下的产品输出与农民所需消费品的输入，构成了中国乡村经济行为的主要内容。1939 年，费孝通在伦敦出版的《江村经济》一书，描述了中国乡村民众的消费、生产、分配和交易等体系，并试图通过对一个农村社区社会结构及其运作关系的描述，勾画出一个由各相关要素系统搭配的社会整体，从村落内部的社会结构来分析中国社会变迁的动力。1945 年，杨懋春在《一个中国村庄：山东台头》一书中提出个体家庭、村庄、集镇的层级模式，即从家庭中个体之间的相互关系，延伸至村庄中家庭之间的相互关系，再扩展到集镇中村庄之间的相互关系。[1]杨懋春先生提供了一种用框架体系的语言对乡村社会空间进行描述和研究的方法。

美国学者施坚雅（G.William Skinner）在 1964 年出版的《中国农村的市场和社会结构》一书中提出，中国农村社区的实际边界，并不是由农民所在村庄的范围决定的，而是由农民所在的基层市场区域的边界决定的。基层市场满足了农民家庭所有正常的贸易需求，既是农产品和手工业品向上流动进入市场体系中较高范围的起点，也是供农民消费的输入品向下流动的终点。因此，一定区域内的各村落以基层市场为纽带，形成并影响村落的社会空间。[2]施坚雅认为，市场结构具有农民社会或传统农耕社会的全部特征，提倡综合运用历史学、地理学和人类学的研究方法，在集市社区范围内研究中国的村庄。与施坚雅一样，弗里德曼也反对直接将中国的村落当作中国的缩影。二人均认为，单个的村落民族志既无法呈现中国社会的整体面貌，也缺少一个完整的宏观视野。受施坚雅学术思想的影响，不局限于单个村落的整体研究渐渐成为主流学术观点之一。以施坚雅为代表的学者在研究中国社会时，追求的是一种超越单个村落的社会人类学研究模式。

如果说费孝通的研究侧重于村落中的社会经济活动，那么，杨懋春的研究更加重视由家庭、家族（宗族）、村庄、集市的关系行为所形成的社会空间，而施坚雅则提供了一种从"集市"的角度来阐述乡村社会空间的研究模式。

---

[1] 杨懋春：《一个中国村庄：山东台头》，张雄、沈炜、秦美珠译，江苏人民出版社，2012。
[2] ［美］施坚雅：《中国农村的市场和社会结构》，史建云、徐秀丽译，中国社会科学出版社，1998。

（三）文化

文化作为一个抽象的复合多元概念，是民众意识形态的综合体现，为乡村社会空间的研究提供了丰富的素材。1926—1937 年间，以梁漱溟、晏阳初为首的知识精英发起了"乡村建设运动"。梁漱溟在其《乡村建设理论》一书中提出，中国农村的出路应该在维护中国固有的传统文化的基础上进行"乡土重建"工作，在维持农村原有的"伦理本位"与土地制度的基础上，提高劳动力素质，实行规模化生产，"促兴农业以引发工业"。[①] 梁漱溟较早认识到村落的文化结构对于社会发展的重要作用，并提出"伦理本位""土地制度"是研究村落空间形态的两个重要途径。梁漱溟在对农村地区进行大量实证分析的基础之上，努力构建出一种本土化的乡村社会空间研究模式。美国学者杜赞奇（Prasenjit Duara）在《文化、权力与国家：1900—1942 年的华北农村》[②] 一书中提出了"权力的文化网络"模型，并运用实证研究的方法，将历史学与社会学有机结合起来，为乡村研究提供了新的视角和方法。杜赞奇强调指出，国家权力通过行政渠道和文化宣导的方式向乡村地区扩张和渗透，对村落的社会结构产生了重大的影响。

（四）建筑

建筑是构成人居环境的最基本物质载体，建筑空间是社会空间的一种物化形式。自 20 世纪 30 年代起，许多学者便以古建筑，特别是传统民居建筑群为调查对象，采用建筑学的方式对传统聚落进行了调查研究。其研究历程大致可分为三个阶段：第一阶段为 20 世纪 50 年代至 80 年代，主要采用田野调查、实地勘测、记录等方法，对传统民居建筑进行调查研究，为传统聚落研究积累了丰富的田野调查资料与实地测绘资料。第二阶段为 20 世纪 80 年代至 90 年代初期，研究领域从建筑学扩展至历史学、民俗学、文化人类学、建筑美学等，研究对象从单体建筑的营造形制延伸至建筑空间的哲学及文化意义。第三阶段为 20 世纪 90 年代初期至今，主要是对民居建筑所处聚落的宏观环境研究。吴良镛在《广义建筑学》一书中提出："从原始时代的树巢土穴到后来的村镇和城市，我们都可以看到聚居的存在和重要性——只有单个建筑的概念，而没有聚居的概念，似乎不可能完整地解释历史上

① 梁漱溟：《乡村建设理论》，上海人民出版社，2011。
② [美] 杜赞奇：《文化、权力与国家：1900—1942 年的华北农村》，王福明译，江苏人民出版社，1996，第 15—33 页。

人类的建筑活动。"①1992 年，彭一刚的《传统村镇聚落景观分析》出版，该书从自然、社会、美学等角度阐释传统聚落形态的生成，从聚落地景的文化内涵视角，对中国传统聚落提出新的探讨。这一时期，大量地方历史文献被引入民居建筑及其所在聚落环境的研究，共时性的研究被置于历时性的研究之中。此后，大批学者从过去侧重于单体建筑、建筑群的个案研究转向聚落整体研究，在跨学科的视野中，提出"空间图学""空间伦理""空间哲学"等社会空间方面的理论与方法。

20 世纪 90 年代中后期以来，随着我国住房制度改革的不断深入，居住社区的数量呈几何级数增长，由此催生了聚落研究的新领域——居住社区研究。其实，早在 1933 年，芝加哥大学社会学系的罗伯特·派克教授来燕京大学讲演时，就谈及"社会"与"社区"的差异。②此后，吴文藻、费孝通等将西方的"社区"概念和理论引入国内，开始了中国社区发展的理论与实践探索。吴文藻在《现代社区实地研究的意义和功用》《西方社区研究的近今趋势》等著作中阐述了"社区"的构成要素、研究方法、西方社区理论派别等。1997 年，王铭铭在《社区的历程：溪村汉人家族的个案研究》一书中，以福建安溪美法村的陈氏家族的经济、文化和社会演变史为叙述内容，试图在"国家—社会关系"的架构下，在一个家族社区变迁的历史场景中展现社会变迁的大场景。王铭铭在《村落视野中的文化与权力：闽台三村五论》一书中，进一步讨论了民族—国家与传统家庭社会组织之间的关系，创造性地提出了村落的地方性和社会的超越性等问题，建立起村落、国家与社会力量之间的研究框架。

（五）民间信仰

民间信仰的组织机构、仪式行为、社交活动是传统聚落中凝聚社会群族、推动宣导教化、维持社会秩序、加强人际关系、实现人口管理等的重要手段。由民间信仰产生的"信仰圈""祭祀圈"等，是形成和影响社会空间的重要因素。最早运用"祭祀圈"理论对我国台湾地区祭祀现象进行研究的，是日本学者冈田谦。他认为，"祭祀圈"是"共同奉祀一个主神的民众所居住之地域"。③继冈田谦之后，台湾学者刘枝万、王世庆、许嘉明等也涉足"祭祀圈"的研究。如许嘉明在《祭祀圈之于

---

① 吴良镛：《广义建筑学》，清华大学出版社，2011，第 7 页。

② 1933 年以前，中国学者将"community""society"都译为"社会"。派克在这次讲学中强调指出，"社区"并不是"社会"。

③ ［日］冈田谦：《村落与家族——台湾北部的村落生活》，《日本社会学会年报》1937 年第 5 辑。

居台汉人社会的独特性》一文中提出，地域组织的基石有三，分别是移民历史、共同聚居的地域范围、共同的祖籍。施振民在《祭祀圈与社会组织：彰化平原聚落发展模式的探讨》一文中提出，"祭祀圈是以主神为经而以宗教活动为纬，建立在地域组织上的模式"。施振民不仅将"祭祀圈"从单纯的宗教信仰地域，扩展至地域组织、宗族组织等，还引入了历时性的思考，认为"祭祀圈"是研究聚落形成发展过程的重要参照点。[①]庄英章在《家族与婚姻：台湾北部两个闽客村落之研究》一书中提出，"祭祀圈"是基于自然系统、水利系统与交通要素形成的，应该以"地"而非"人"为因素来理解"祭祀圈"。[②]

　　林美容系统研究了单个聚落内部的乡治组织以及多个聚落所形成的社会空间。她在《由祭祀圈来看草屯镇的地方组织》一文中提出，"祭祀圈"是指为了共神信仰而共同举行祭祀的居民所属的地域单位。在划定神明"祭祀圈"的诸多标准中，依照重要性可依次表述为：建庙或修庙由居民共同出资；收丁口钱或募捐；头家灯主；演公戏；巡境；其他的祭祀活动。刘枝万的《台湾民间信仰论集》从建醮祭典与进香仪式的视角，考察了台湾地区祭祀活动的流程及祭祀组织的结构。张珣在《大甲妈祖进香仪式空间的阶层性》一文中，以大甲妈祖进香仪式为研究对象，阐述了进香仪式所覆盖的空间范围，提出信仰仪式对居住建筑的社会空间的重新定义。

　　可见，早期的"祭祀圈""信仰圈"研究是将"祭祀圈""信仰圈"置于地域组织的框架下，通过对仪式活动的文本分析与田野调查，探究族群关系、自然环境以及语言文化等因素所产生的社会空间。21世纪以来，学界开始从民间信仰及其背后的文化现象入手，探讨社会空间的建构方式。2003年，郑振满、陈春声主编的《民间信仰与社会空间》一书，力图将民间信仰视为理解乡村社会结构的一种途径，分别从"国家意识与国家认同""社会风俗与民众心态""神祇崇拜与地方社会的变迁""乡村庙宇与家族组织""社区组织与村际关系"五个方面，探讨了民间信仰与中国传统社会相结合的方式，进而提出基于民间信仰的空间思考途径。同年，王铭铭在《明清时期的区位、行政与地域崇拜：来自闽南的个案研究》一文中，以福建

---

①　施振民：《祭祀圈与社会组织——彰化平原聚落发展模式的探讨》，《"中研院"民族学研究所集刊》，1973。

②　庄英章：《家族与婚姻：台湾北部两个闽客村落之研究》，《"中研院"民族学研究所集刊》，1997。

泉州的传统"铺境"空间为例，对明清时期闽南地区的区位、行政与地域崇拜等进行了讨论。王铭铭认为，"铺境"是借由民间信仰凝聚地方社会力量，通过与集权制秩序互相牵制而达到平衡状态，由此形成传统城市聚落的社区空间体系。杨念群对美国人类学界流行的两种分析中国地方空间变迁的理论——"行政空间理论""宗教与象征理论"进行了反思，并提出区位、行政、仪式等空间类型共同构筑成社区。[①]

对本研究具有重要借鉴意义的，还有张友庭对于福建寮村民俗中的"张公信仰研究"。张友庭从"祭祀圈"理论出发，叙述了"张公"从"私家神"到"角头神"再到"村落神"的发展历程，提出了"现代宗族"的核心概念和"现代宗族家族化"的分析模式，讨论了在村落范围内公社集体主义体制解体以后，宗族集体主义和村落集体主义的共生共变所呈现的村落空间形态，为传统聚落在当下社会的演变与发展提供了一种研究模式。[②]此外，还有孟雅丽关于三川土族祭祀圈的人类学考察。孟雅丽将祭祀圈分为村落性"祭祀圈"、"本家"联村组织和超乡镇的"祭祀圈"三个层次，提出了仪式行为下的社会空间的形成与分类。[③]

（六）移民与土地开发

不少学者认为，台湾的历史就是移民与土地开发的历史。如洪灿楠在《台湾地区聚落发展之研究》一文中探讨了移民与土地开发对台湾地区早期聚落的形成与发展的影响。[④]吴田泉在《台湾农业史》一书中阐了台湾地区的土地开拓过程与土地制度，总结出土地产业与聚落形成与分布的规律。[⑤]20 世纪 70 年代后，越来越多的台湾学者注意到移民与土地开发对聚落形态的重要影响，并试图通过单个聚落的发展变迁，勾勒出地方的社会场景。代表性成果有高丽珍的《云林古坑乡的血缘聚落》[⑥]，谢英从的《永靖——一个彰化平原的乡镇社区发展史》[⑦]等。

① 杨念群：《杨念群自选集》，广西师范大学出版社，2000，第 295 页。

② 张友庭：《寮村的"张公信仰"及其祭祀圈的扩大——当前中国东南宗族重建过程中村落文化整合的个案研究》，《社会》2006 年第 4 期。

③ 孟雅丽：《神圣的祭坛——三川土族祭祀圈的人类学考察》，硕士学位论文，北京大学，2003。

④ 洪灿楠：《台湾地区聚落发展之研究》，《台湾文献》1978 年第 2、3 期。

⑤ 吴田泉：《台湾农业史》，（台北）自立晚报社，1993。

⑥ 高丽珍：《云林古坑乡的血缘聚落》，《台湾风物》1981 年第 3 期。

⑦ 谢英从：《永靖——一个彰化平原的乡镇社区发展史》，硕士学位论文，中国文化大学史学研究所，1991。

　　鉴于土地开发的原动力是经济需求，故有学者从经济史的视角研究台湾地区聚落的形成与发展。周宪文在《台湾经济史》一书中探讨了台湾地区不同时期的经济发展情况，由此提出不同时期的经济类型与产业类型，必然导致聚落形态的差异。[①] 1972 年，人类学者帕斯特奈克在《两个中国村庄的血缘和社区》一文中，对台湾地区南部的两个村落进行了田野调查。他的结论是：水利灌溉系统不但没有促进宗族的发展，反而形成了以土地开发为目的的非血缘社会关系下的聚落类型。[②] 林满红在《四百年来的两岸分合：一个经贸史的回顾》一书中，将两岸四百年来的贸易发展历程划分为八个时期，分别探讨了各个时期经贸发展的特点，以及经贸发展、文化变迁对台湾地区聚落产生的影响。[③] 黄清连在《黑金与黄金：基隆河上游、中游地区矿业的发展与聚落的形成》一书中，从产业发展与聚落变迁的角度，分析了基隆河流域的矿业开发历史和当地聚落的发展变迁。[④] 李明仁和江志宏通过考察台北县贡寮乡的历史沿革与渔业开发，提出渔村的聚落图景。[⑤]

　　以开垦组织为单位的族群人口，是构成聚落、决定聚落形态及其分布的重要因素之一。日本学者富田芳朗以浊水溪为天然分界线，并根据各个聚落在族群人口、开垦组织、土地开发模式、居住方式等方面的不同，将台湾地区的传统聚落划分为"散村"与"集村"两种形态，其分析聚落形态的方法一直沿用至今。施添福将清代台湾竹堑地区的拓垦区域分为汉垦区、保留区、隘垦区三类，深入探讨了当地拓垦形态的空间差异、拓垦组织的族群变化以及聚落的形成、分布与发展。他在《兰阳平原传统基层社会空间的形成及其演变》一文中指出，宜兰的基层社会空间组织是由清代拓垦社会转化而成的街庄社，从而提供了一种从空间组织系统的视角观察社会内部结构的研究方法。[⑥]

　　城乡聚落形态的发展演变过程，一直受到台湾社会学者的关注。赖志彰的《台

　　① 周宪文编著：《台湾经济史》，（台北）开明书店，1980。

　　② Burton Pasternak,*Kinship and Community in Two Chinese Villages*(Stanford: Stanford University Press,1972).

　　③ 林满红：《四百年来的两岸分合———一个经贸史的回顾》，（台北）自立晚报社，1994。

　　④ 黄清连：《黑金与黄金：基隆河上游、中游地区矿业的发展与聚落的形成》，台北县文化中心，1978。

　　⑤ 李明仁、江志宏：《东北角渔村的聚落和生活》，台北县文化中心，1995。

　　⑥ 施添福：《兰阳平原传统基层社会空间的形成及其演变》，《"宜兰研究"第二届国际学术研讨会论文集》，宜兰县文化中心，1997。

中县街市发展：丰原、大甲、大里、内埔》《彰化县市街的历史变迁》[①]，从街区变迁的角度，勾勒出台中地区城乡空间形态的发展演变过程。陈国栋在《淡水聚落的历史发展》中，探讨了淡水街的形成与发展，兼及港口市镇空间形态的形成过程。[②]

台湾学者郭肇立认为，聚落作为一定人群的居所，既离不开一定人群的社会关系和社会组织，也离不开定居空间的实质形式。因此，聚落中既有实质的空间结构，也有无形的人文内涵。空间的、政治的、宗教的、社会的、经济的、历史的、民俗的等方面的因素，共同造就了聚落的整体。[③]陈文尚指出："聚落不单是地理的自然空间，同时也是社会的人文空间，是在长期历史文化脉络下形成的地缘群体。群体之间不只是居存的同区关系，也存在着命运与共的我群意识。"[④]

综上所述，聚落形态研究的多样化源于聚落构成因素的多元性。郭肇立将聚落分为四个部分：第一，人群建立的活动交往关系。第二，生活共同体所需具备的实质空间。第三，实质空间与生态环境的平衡，将人造环境纳入大自然的生态环境。第四，整体的价值观和文化的意义。"因为人是历史动物，是有差异的、自明性的、有感情的社群。所以，任何一个社区或邻里，对居民的知觉而言都是独特的、意义深远的地方"。需要强调的是，本研究所谓的"聚落"不仅是指"人类群体的生存状态及其物质载体"，还是一个有时间性的动态概念。从某个时间点来看，聚落是一种固态的空间系统；从一段时间轴来看，聚落是一种动态发展的概念。[⑤]简言之，聚落是在特定的地理环境和社会经济背景中，人类活动与自然相互作用的综合结果。"正是由于自然生态系统、经济技术系统、社会组织系统和文化观念系统的共同作用，使不同的聚落包含了不同的意义"。[⑥]

---

① 赖志彰：《台中县街市发展：丰原、大甲、大里、内埔》，台中县文化中心，1997。赖志彰：《彰化县市街的历史变迁》，彰化县文化中心，1998。

② 陈国栋：《淡水聚落的历史发展》，《台湾大学建筑与城乡研究学报》1983年第2期。

③ 郭肇立主编：《聚落与社会》，（台北）田园城市文化事业有限公司，1998，第7页。

④ 陈文尚：《台湾传统三合院式家屋的身体意象——地理知识学的例证研究之二》，中国文化大学地理学系研究报告，1993，第23页。

⑤ 郭肇立主编：《聚落与社会》，（台北）田园城市文化事业有限公司，1998，第8页。

⑥ 余英：《中国东南系建筑区系类型研究》，中国建筑工业出版社，2001，第116页。

三、"境"相关研究之回顾

关于"境"的既有研究，可以分为三类：

其一，以民俗为研究对象的文化人类学取向。最早以"境"为研究对象的专著是顾颉刚的《泉州土地神》①，陈垂成与林胜利合著的《泉州旧城铺境稽略》②。两书都是以探讨"境庙"为主的。此外，还有从"境"内醮仪的视角，来探讨"境"的空间性质的；③ 从境主神绕境的区域范围、游神路线变迁的角度，来讨论人群关系变化的；从巡境④、安五营等仪式的视角，来揭示"境"文化现象背后所呈现的人类空间意识、行为模式的。

其二，在西方空间理论影响下的空间社会学面向。如以台南府城的"联境"组织结构为切入点，来探讨清末台南地区的城市聚落形态及其发展演变历程。⑤ 汪明怡以"段、联境、境、街"的城市空间区划为背景，探讨了台南地区乡治组织的变迁。⑥ 黄昭璃以笨港为例，探讨了地方居民如何将民间信仰所衍生的秩序观，转化为居住空间领域上的营造。⑦

其三，以广义的建筑空间环境与城乡社区为研究内容。台湾学者吴进喜将"境"视为宗教意义上的"存在空间"概念，探析了台湾南部传统汉人聚落空间的形成过程。⑧ 与台湾学者相比，大陆学者更倾向于从"境"的视角来观察城乡社区的空间结构。如泉州城厢中的"铺境"，与中国古代的里坊、里社、里甲等体系一脉相

---

① 顾颉刚：《泉州的土地神》，《厦门大学国学研究院周刊》1927 年第 1 期。

② 陈垂成、林胜利编著：《泉州旧城铺境稽略》，泉州市印刷厂，1990。

③ 刘枝万：《台湾民间信仰论集》，（台北）联经出版事业有限公司，1983。

④ 李丰楙：《道、法信仰习俗与台湾传统建筑》，载郭肇立主编：《聚落与社会》，（台北）田园城市文化事业有限公司，1998。

⑤ 程美蓉：《从麦寮拱范宫绕境活动看信仰文化中人群的结合》，台南大学乡土文化研究所，2002。

⑥ 林俊宏：《从绕境谈社区关系的分与合——以湾里万年殿戊子年王醮为例》，《台湾学研究》2009 年第 7 期。方凤玉：《"五营"之空间概念研究》，博士学位论文，台湾云林科技大学设计学研究所，2005。石万寿：《台南府城防务的研究》，（台南）友宁出版社，1985。

⑦ 黄昭璃：《地方文化的神圣象征秩序与场域之塑造：以笨港为例》，硕士学位论文，台湾南华大学环境与艺术研究所，2002。

⑧ 邱上嘉：《台湾传统聚落中五营的初步研究——以云林地区为例》，台湾地区科学委员会专题研究计划成果报告，1998。

承。①

　　需要强调的是，"境"的学术史并不等于"境"的形成发展史。关于"境"是如何形成的，因受实物资料与文献史料的限制，学界尚未形成统一的认识。②从词源学的视角来看，"境"意涵演变的过程也是其吸取文化养分的过程。"境"被视为居住环境的代名词，是对"境"所蕴含的空间意义的二次定义。由神明、神圣物、民俗仪式等确立的信仰空间，与由街、巷、厢、里坊等确立的实质环境，共同构成了完整的境域概念。因此，对"境"的文化理解，就是对居民的信仰空间观与居住环境观的了解。

　　学界关于"境"的研究，大多以个案研究的方式，探讨境庙的起源与祀神、"境"的形成与界域、"境"内的仪式活动与族群关系、社区的意义和社会作用等，为本研究提供了重要的参考。尤为值得一提的是，陈金亮运用大量的图文资料、田野调查资料，系统论述了"境"的历史变迁、境庙祀神、境主神的职权、境庙祭祀活动、以"境"为单位的组织体系和信仰体系，等等，具有较高的学术价值。③此外，还有学者提出了一些与"境"相关的空间概念，探讨了"境"与聚落形态的密切关联，④试图从不同面向来定义聚落空间的内涵与结构层次。但是关于"境"的既有研究成果，大多以个案研究为主，少有对于"境"的综合研究，以及对某一地域范围内的"境"进行系统梳理与整体考察。有鉴于此，本研究尝试运用多学科的理论、方法和成果，对"境"进行综合探讨。

①　王铭铭：《走在乡土上——历史人类学札记》，中国人民大学出版社，2003。陈力：《铺境空间——中国传统城市居住社区的孑遗》，《建筑师》2011年第3期。林志森：《泉州传统城市社区形态分析及其启示》，《天津大学学报（社会科学版）》2011年第4期。

②　目前已发现的最早实物例证，是元朝泉州"兴化路姚山境"摩崖石刻。该石刻表明，"境"的概念至少在元代就已形成。

③　陈金亮：《境、境庙与闽东南民间社会》，硕士学位论文，福建师范大学，2006。

④　吕俊杰等：《从"十三乡入城"看福全古村的铺境空间》，《南方建筑》2010年第3期。

第一章　聚落空间形态

聚落是人类活动的中心，是由建筑街区、社会意识、行为仪式、集体价值等共同构筑的空间容器。本章旨在从"境"的视角来解析传统聚落空间形态，首先是阐释"聚落""聚落形态"的丰富内涵。其次是阐述聚落形态的基本构成要素、"境"空间形态的理论与方法。

第一节　聚落

《辞海》对"聚落"的解释是："人聚居的地方。"具体而言，聚落就是"在一定地域内发生各种社会关系和社会活动，形成特定的生活方式，并具有成员归属感的人群所组成的相对独立的地域生活空间和领域"。[①] 早期聚落又称"村落"，其规模通常不大，随着聚落人口和建设面积的不断增加，村落的规模与范围不断扩张，逐渐形成集镇、乡镇、城市等不同聚落类型。《史记·五帝本纪》："一年而所居成聚，二年成邑，三年成都。"《汉书·沟洫志》："（黄河）时至而去，则填淤肥美，民耕田之，或久无害，稍筑室宅，遂成聚落。"由此可知，"聚"为聚集、聚居之意，"落"为"落叶生根"之意，"聚落"就是指人类聚居和生活的场所。与"聚落"相对应的英文是"settlement"，《韦氏英语词典》的解释是：定居的活动或过程；地方或村落；协议，调停。[②] 可见，聚落不仅是人们聚居和生活的场所，还包括人们对行为仪式、制度守则、集体价值观等的认同。因此，聚落是由建筑街区、社会意识、行为仪式、集体价值等共同构筑的空间容器。

聚落还包括与居住直接有关的生活设施和生产设施，具体包括房屋建筑（如

---

① 余英：《中国东南系建筑区系类型研究》，中国建筑工业出版社，2001，第116页。

② David B.Guralnik(Ed.), Webster's New World Dictionary of the American Language（New York : Popular Library,1984），p.1078.

住宅、商店、工厂、仓库等建筑)，街道或聚落内部的道路、广场、公园、运动场等；供居民洗涤饮用的池塘、河沟、井泉等，聚落内部的空闲地、菜地、果园、林地等。因此，广义的聚落是人类活动的中心，包括城市或城市中的自然居民点、乡镇、行政村与自然村。

传统聚落是一个狭义的概念，是指经过一定历史时期的发展，至今仍保留有明显的地域文化特征，且整体风貌相对完整的古城、古镇、古村等。国际上一般称为"smaller historic town""old village and hamlet"。本研究采用"传统聚落"这一概念的原因是："境"不仅存在于村落，还存在于具有丰富历史沉淀的乡镇、城市，"境"文化现象及与"境"相关的社会活动在村落以外的地区同样得以传承。在闽东北地区，城市聚落的境域空间格局更为清晰，仪式活动规模也更大。

传统是与现代相对的，从过去延续至今的存在模式，具有一定的历史特征和地域特征。单德启认为，传统是本质性的模式、模型和准则的总和。它是历史的动态过程，是历史的积淀；它有着不同的存在方式，包括思维模式、信仰、风俗、行为等。[1] 阮仪三认为，传统既代表着一段历史，也代表着一段时期的文化，与完全按照现代规划设计理念营建的新聚落具有明显的区别。传统聚落虽然也在不断发展，但其整体空间形态至今仍保留着原始聚落形态。

此外，本研究采用"传统聚落"这一概念的另一个重要原因是，将遗存有"境"文化现象的镇区、城区也纳入研究范围，揭示出社会空间在村、镇、城不同层级的形塑方式，进而建构传统聚落空间形态的模型。

第二节　聚落形态

与"聚落形态"相对应的英文是"settlement pattern"，它最初是地理学的重要概念，20 世纪 80 年代末期被引入建筑学的民居研究领域。美国考古学家戈登·威利（Gordon R.Willey）将聚落或居址形态看作是人类活动与生态环境相互作用的反应。[2] 他对"聚落形态"的界定是："人类将他们自己在他们所居住的地面上处理起

---

① 单德启：《从传统民居到地区建筑：单德启建筑学术论文自选集》，中国建材工业出版社，2004。

② 王巍：《聚落形态研究与文明探源》，《郑州大学学报（哲学社会科学版）》2003 年第 3 期。

来的 方式。它包括房屋的安排方式、其他与社团生活有关的建筑物的性质与处理方式。"① 20 世纪 70 年代,美国考古学家欧文·劳斯（Irving Rouse）对"聚落形态"的界定是:"人们的文化活动和社会机构在地面上分布的方式。这种方式包括了社会、文化和生态三种系统,并提供了它们之间相互关系的记录。"② 加拿大考古学家布鲁斯·特里格（B.G.Trigger）对"聚落形态"的界定是:"运用考古材料来研究社会关系。"③ 他提出两种聚落形态研究方法:一种是生态学方法,将聚落形态视为技术和环境相互作用的产物;另一种是社会学方法,将聚落形态视为史前文化的社会、政治和宗教结构的反映。可见,考古学借助聚落形态来推演早期人类社会的人群关系、生态环境、文化价值观等。

英国学者保罗·奥利弗（Paul Oliver）一方面以物理空间的平面构成为切入点,来解释聚落形态的形塑规律,另一方面从领土、领域、领域与人口、领土边界的防御、附属的场地、交流等方面,探讨影响聚落发展进程的因素。他将聚落空间形态的表现形式分为四类:（1）物理环境,存在于建筑物本身。（2）抽象环境,存在于建筑群与其所处环境构筑或围合的空间之中。（3）意识环境,存在于民众的文化认知和空间意识之中。（4）社会环境,存在于诸多社会行为与社会关系构筑的空间之中。④

《辞海》对"形态"的解释是"形状神态"。与"形态"相对应的英文概念是"environmental",它根植于西方古典哲学性的研究框架论与方法思维,以及由其演生的经验主义哲学。其中包含两点重要的思路:一是从局部到整体的分析过程,复杂的整体被认为是由特定的简单元素构成的,从局部元素到整体的分析方法是适合的并可以达到最终客观结论的途径;二是强调客观事物的演变过程,事物的存在有其时间意义上的关系,历史的方法有助于理解研究对象包括过去、现在和未来在内

---

① [美] 戈登·威利:《聚落与历史重建——秘鲁维鲁河谷的史前聚落形态》,谢银玲等译,上海古籍出版社,2018,第 1 页。

② Irving Rouse, *Settlement Patterns in Archaeology* (Manchester:Duckworth,1972),p.95.

③ Bruce G. Trigger,"Settlement Archaeology:Its Goals and Promise",*American Antiquity32* (1967),pp.149-160.

④ Paul Oliver,*Encyclopedia of Vernacular Architecture of the World*(Cambridge:Cambridge University Press,1998),p.12.

的完整的序列关系。[①]形态学（morphology）一词来源于希腊语的"morphe""logos"。顾名思义，形态学就是研究"形状"背后的"思想"（规律法则），及在"精神"作用下形成的具象表现形式（形态）的学科。在中国古代哲学中，"形状"与"思想"的关系，类似于"器"与"道"的关系。"形"是由"道"决定的，或者说"道"的规律法则决定了形状的表现形式。故《易经·系辞》称："形而上者谓之道，形而下者谓之器。""道"是无形的物质实体，是世界万物的本质、根源和本体。因为它是一种物质，故又被称作"本质物质"。当"本质物质"或"道"发展变化为万物以后，物质才具有了可见的形状，这就是"形而下"，即有形以后的物质。《易经》称之为"器"。"器"就是拥有具体形态、形体、质量和硬度的世界万物，又被称作"现实物质"。可见，"道"是"器"的根源、本质和本体，"器"是"道"的发展结果。

《周礼·考工记》描述了中国古代城市的两种典型形态。其文曰："匠人营国，方九里，旁三门，国中九经九纬"；"左祖右社"；"王宫门阿之制五雉，宫隅之制七雉，城隅之制九雉"。中国古代城市具有两个特点：一是城门与道路构成规整的街区划分；二是"左祖右社"、城隅高度的限制等体现了"礼制"的思想。可见，中国古代城市不仅是城市居民生活的场所，更是一种代表社会关系和秩序的"符号"。城市居民受到空间秩序的影响，不知不觉中明确了自己的社会定位，且很难超越自己原有的定位，而这正好符合了统治的需要。《管子·乘马》提出的城市布局是："因天材，就地利，故城廓不必中规矩，道路不必中准绳。"《管子·立政》提出的城市选址原则是："凡立国都，非于大山之下，必于广川之上。高毋近旱，而水用足。下毋近水，而沟防省。"

《周礼·考工记》代表的是伦理性、社会性的规划理念，《管子》代表的是自然性、功能性的规划理念，这两种规划理念体现出不同的聚落形态表征：前者统一规整，等级森严；后者量地而形，不拘一格。由此可见，"聚落形态"概念包括两个层面的内容，即空间的形塑法则之"道"与表现形式之"器"。不同的规划理念之"道"，导致了城市聚落之"器"的不同形态表征。构成聚落形态的基本要素可简单地分为物质（自然）形态要素和非物质形态（人文）要素。一方面，聚落在物质形

---

① 谷凯：《城市形态的理论与方法——探索全面与理性的研究框架》，《城市规划》2001 年第 12 期。

态的基础上显现出多种非物质形态的意义，表达不同历史时期的文化内涵；另一方面，非物质形态必须通过物质形态来呈现，非物质形态要素与物质要素相结合，构成了丰富多样的聚落形态表征。如聚落的街道、市场、居民区、衙署、寺庙等有形物质构成了聚落形态表征。从社会学的角度来看，聚落内部物质形态之间的关系是一种空间关系，是建立在族群关系和社会行为基础上的形态表征。

因此，本研究所谓的"聚落形态"在本质上是一种空间形态，这种空间形态不仅包括物质的人居环境，还包括民众行为、活动等所产生的社会空间。换句话说，"聚落形态"是一种在人类行为的作用下产生的复合空间。

第三节　"境"的聚落形态

"境"的聚落形态，就是从空间的角度来讨论聚落形态表征。"空间"的含义非常广泛，各领域采用不同的方式探讨"空间"的定义与范畴。"境"是以境庙为中心，通过公祀、巡境、绕境等仪式所形成的具有共同社会关系的聚落空间单位。"境"的空间形态表征主要体现在建筑空间、仪式空间以及二者叠加所形成的社会空间三个方面。就研究方式而言，建筑空间、仪式空间是显性并可观察的空间，研究方式以建筑学的图学以及人类学的民族志为主；社会空间是隐性的空间，主要通过观察和研究社会关系、人类行为等来揭示聚落形态的形塑规律。

一、建筑空间

"空间"的定义源于拉丁文的"spatium"，指在日常三维场所的生活体验中符合特定几何环境的一组元素或地点，也指两地点间的距离或特定边界间的虚体区域。最早使用"空间"一词来讨论和评价建筑者，是 19 世纪德国的哲学家、美学家和艺术评论家。在德国艺术史家沃尔弗林 (Heinrich Wolfflin) 的推广下，"空间"概念被传播到西方世界，并于 20 世纪成为建筑领域的主角。

早期对"建筑空间"的理解主要有两种，一种以欧几里得的几何空间为基础；另一种以知觉心理学为基础，注重场所知觉的空间观。现代主义建筑的空间概念是以笛卡尔的三维直角坐标系为背景，从牛顿经典力学的物理空间概念中演生而来的。整体而言，绝大多数现代建筑师都把建筑空间视为通过设计和建造，从物理空间中分割出来的一部分，本质上与物理空间一致。很长一段时期内，"文化都只是结构的不起眼的配角"。[①]20 世纪 90 年代，随着文化社会学的兴起，建筑空间研究领域也出现了"文化转向"。建筑空间是人类主观世界的外在物质呈现，不同的建筑空间反映了文化价值观的差异性。

建筑空间依托于人而存在，以满足人的物质需求与精神需求为出发点。德国哲学家马丁·海德格尔（Martin Heidegger）最早提出"生存论 - 存在论"的空间观念。他在《存在与时间》中指出："不能把人和空间割裂开来，空间既不是外部对象，也不是内部体验，人与空间是不能分开考虑的。"海德格尔强调人的空间性存在，由此提出"诸空间是从场所来领会其存在的，而不是从所谓的空间来领会的"。在海德格尔看来，所谓的"存在空间"就是人直接参与并使之不断生发意义的空间。在此空间中，人与人、人与世界的共同意向构成了意义性网络。[②]海德格尔对"居住"作出如下界定，"在住处存在着人与场所的联系""能居住才能开始营建""居住是存在的根本特性"。[③]此"存在空间"在本质上是一种"自我中心空间"，由以人为主体的空间中心点向外扩展，在扩展的过程中，人不断地投射出各层空间的意义。

建筑虽然比较具象，其涉及的空间概念却比较抽象。建筑空间主要包括两方面的内容：一是与"境"相关的主要建筑与构件，如境庙、境碑石、境亭、境门等；二是"境"内的民居、街巷等的空间组合。依据海德格尔的"生存论 - 存在论"的空间观念，对于建筑空间的研究不能脱离人的存在，应把人与空间置于历史脉络中进行考察。聚落建筑空间呈现在人们眼前的虽然是一瞬间的场景，却经过了漫长的发展历程，折射出在地民众的集体意识形态。

建筑空间是人居环境物质载体的空间表征，人居环境承载着丰富的"意义"，不同的社会等级、行为仪式、文化伦理、经济产业等都会反映到建筑与空间布局之中。因此，由物质空间升华而来的精神文化内涵，就成为人居环境与自然环境的根本区别。因此，本研究以人与人之间的社会关系为重点，通过辨析人与物之间、物

---

① Salvador Giner and Margaret Scotford Archer，*Contemporary Europe:Social Structures and Cultural Patterns*（London: Routledge and Kegan Paul, 1978），p.2.

② [德] 海德格尔：《存在与时间》，陈嘉映、王庆节译，生活·读书·新知三联书店，1999。

③ [德] 海德格尔：《筑·居·思》，孙周兴译，载孙周兴选编：《海德格尔选集》，上海三联书店，1996，第 1192 页。

与物之间的关系，探讨聚落形态空间的本质。

二、仪式空间

在民众的文化认知中，"境"不仅是境庙所庇护的街区建筑范围，还是由民间传统信仰仪式界定的空间领域。王铭铭认为："人类学者常把乡土社会的仪式看成是'隐密的文本'……而作为'隐密的文本'的仪式却是活着的'社会文本'，它能提供我们了解、参与社会实践的'引论'。"[①] 仪式作为一个社会或族群最基本的生存模式，存在于人们的日常生活和社会政治生活之中，或神圣，或礼俗。它们物化在传统聚落当中，形成丰富多彩的仪式空间。而信仰仪式作为具有象征性和表演性的民间传统行为，体现了人类群体思维和行动的本质。[②] 民众通过建筑形成的客观物质环境和仪式构筑的主观精神世界塑造了聚落仪式空间，不同"境"内的仪式行为及仪式空间，反映了文化心理对聚落形态的影响。

文化人类学基于对"境"相关仪式的田野调查，考察仪式在整个社会结构中的位置、作用和地位。

（一）居住环境的精神再造

民众在建造生存所需的物质环境之外，还通过宗教仪式达成对人居环境的神圣定义。许多传统聚落中，当地民众每年都要举行绕境、安五营等娱神仪式，对自身的生活社区进行精神再造，从而划定人—神共居的神佑空间，以期获得神明的庇佑。

仪式空间具有丰富的社会学意义。王斯福（Feuchtwang）[③] 和桑高仁（Sangren）[④] 的研究都表明，社区主神的庆典仪式隐喻着对社区外部陌生人和"鬼"的驱逐，达到对社区的净化，保证社区的平安。绕境仪式的巡游路线是对社区边界的确认与强调，马林诺夫斯基（Malinowski）提出："宗教使人类的生活和行为神圣化，于是变为最强有力的一种社会控制。"因此，仪式空间不仅包括建筑等物质实体，也包括

---

① 王铭铭：《象征的秩序》，《读书》1998 年第 2 期。

② 林志森、张玉坤：《基于社区再造的仪式空间研究》，《建筑学报》2011 年第 2 期。

③ S. Feuchtwang, *Boundary Maintenance: Territorial Altars and Areas in Rural China*(Cosmos: The University of Edinburg Press,1992).

④ P.S. Sangren, *History and Magical Power in a Chinese Community*(Stanford: Stanford University Press,1987).

不同类型的贞定物界定的无形空间。李丰楙认为，汉人社会经常借由"安五营"等民间信仰仪式，强化在地民众对村落共同体的认同意识。五营信仰具体实践了"中央—四方"的空间模型，[①] 借由定期性的收兵、放兵仪式，使人境成为宜于人居住的境域。这种居安意识虽是小道，作为村落共同体的象征，却具现了村社之人的归属感。[②]

（二）社会结构的关系重塑

节庆时举行的仪式活动，可以打破常态化的社会结构，缩小社会阶层之间的差距与隔阂。节庆时举行的"绕境""吃头"等仪式，淡化了社区间的隔离与族群层级的差序，打破世俗空间的地域分隔，是对地域族群的团结与整合。英国人类学家维克多·特纳（Victor Turner）在社会冲突论的背景下，研究仪式对社会结构的重塑意义。他将人类社会关系分为日常状态和仪式状态，日常状态下，人们的社会关系保持相对固定和稳定的结构模式，即关系中的每个人都处于一定的"位置结构"。仪式状态是处于稳定结构交界处的"反结构"(anti-structure) 状态，而仪式过程就是转换仪式前后两个稳定状态的过程。[③] 特纳将仪式过程的这一阶段称作"阈限期"，意指处于"反结构"状态的有限的时空阶段。社会结构的特征是异质、不平等、世俗、复杂、等级分明，"反结构"的特征是同质、平等、信仰、简单、一视同仁，强调族群凝聚和地方社区认同。[④] 丁仁杰认为，"祭祀圈"具有展现地方社会凝结（solidarity）的作用，"信仰圈"具有表现区域联盟（alliance）的作用。[⑤]

三、社会空间

"社会空间"这一概念最早是由涂尔干于 19 世纪末提出的，关于其内涵界定向来众说纷纭，人们习惯于从各自不同的学科视角出发，使用"社会空间"一词构筑自己的思想观点，从而赋予"社会空间"以丰富的理论内涵。美国学者尼尔·史密

---

① ［英］马林诺夫斯基：《文化论》，费孝通译，华夏出版社，2001，第 86 页。

② 李丰楙：《"中央—四方"空间模型：五营信仰的营卫与境域观》，《中正大学中文学术年刊》2010 年第 1 期。

③ Victor Turner ,*The Ritual Process: Structure and Anti-Structure*(New York: Cornell University Press,1969),p.89-100.

④ Victor Turner,*The Ritual Process: Structure and Anti-Structure(*New York: Cornell University Press,1969),p.103-106.

⑤ 丁仁杰：《重访保安村：汉人民间信仰的社会学研究》，联经出版事业有限公司，2013。

斯（Neil Smith）认为："如同数学空间用于表示自然事实的抽象领域一样，社会空间是由社会事实的抽象领域人为地构造的，它可以通过众多的方式被界定。"[①] 王晓磊将西方学术界对"社会空间"的释义归纳为四种，分别是社会群体居住的地理区域；个人对空间的主观感受或在空间中的社会关系；个人在社会中的位置；人类实践活动生成的生存区域。[②] 二十世纪的二三十年代，芝加哥学派提出了城市社会空间形态的动态演化过程和动力机制。1995 年，马克·戈特迪纳（M.Gottdiener）和雷·哈奇森（R.Hutchison）在《新城市社会学》中首次提出了城市研究的"社会空间视角"。近 30 多年来，在结构主义、新马克思主义等的影响下，种族隔离、城市贫困、社会极化等问题成为社会空间研究的新焦点。新城市社会学是城市社会学空间转向的产物，更为关注空间中隐藏的社会机制和文化机制，以及空间、结构与权力之间的关系。新城市社会学过度强调"空间"，在一定程度上忽略了自身隐藏的时间思维，没有将社会空间分析中的历史脉络系统明确地阐述出来。[③] 在新城市社会学的社会空间研究中，时间、空间和社会是始终交织在一起的，要认识空间，必然要理解时间。《人文地理学辞典》归纳了欧美学界对城市空间概念的反省，提出应该突破物质与精神的二元论的局限。[④] 索亚在物质和精神的空间二元论的基础上提出"第三空间"的概念，认为"空间是一种社会的隐喻"，是一种既真实又想象化的存在，它既是结构化的个体的位置，又是集体经验的结果；具有空间性、社会性、历史性。[⑤]

以第三空间为代表的空间研究理论，将历史、环境、空间关系和社会结合起来，以辩证的视角来解释社会空间，实质上是对聚落形态的社会学研究。空间与社会密不可分，空间既是社会存在与发展的展现结果，又是社会实践和差异性建构起来的符号象征体系，具有表征社会意义的特性。因此，索亚提出："空间特性可以表达'建构环境'的相对固定的性质，用物理的结构，用土地使用的地图标志，来表达经济财富、文化认同、阶级差异和都市居民的个体与集体属性、关系、思想和

---

① Neil Smith, *Uneven Development:Nature,Capitaland the Production of Space*(Basil Blackwell, 1984)，p.75.

② 王晓磊：《"社会空间"的概念界说与本质特征》，《理论与现代化》2010 年第 1 期。

③ 张品：《新城市社会学的社会空间转向》，《理论与现代化》2010 年第 5 期。

④ Derek Gregory, *The Dictionary of Human Geography*(Oxford: Blackwell,2000),p.767–772.

⑤ ［美］索亚：《第三空间：去往洛杉矶和其他真实和想象地方的旅程》，陆扬等译，上海教育出版社，2005，第 12—18 页。

实践的全部范围。"① 空间作为社会隐喻的表征形式，呈现的是社会的组织结构。在考古学领域，聚落形态犹如一面镜子，从一个侧面反映出当时的社会结构以及人地关系，为研究当时的社会发展变化提供了重要线索。②

本研究是对聚落社会学、考古学的反向思考，尝试用"境"现象中可视化的空间文本内容，建立图形化的社会空间研究，并借助具象的图谱来解释抽象的社会空间。

① ［美］索亚：《第三空间：去往洛杉矶和其他真实和想象地方的旅程》，陆扬等译，上海教育出版社，2005，第10页。
② 王巍：《聚落形态研究与文明探源》，《郑州大学学报（哲学社会科学版）》2003年第3期。

第二章 "境"的空间意涵

　　如同"境"在中国古代文学史和美学史上具有丰富的意涵一样，福建地区的许多传统聚落都遗存有形式各异的"境"空间文化现象。如福建省宁德市蕉城区旧城就遗存有多个境域形态类型："龙首境"基于左姓宗亲的同宗血缘关系，又分化形成"龙首上境"；由于城市建设的发展与人口数量的增加，"朝天境"以神明分香的形式，形成"正境"与"分境"等境域单元；城中村和古溪村，平时以上祠陈、下厝陈、前浦林三个独立的境域存在，特定节庆时则联合组建成为"古溪合境"。台湾学者谢奇峰在《台南府城联境组织研究》中提出："境"是一个核心理念，加上不同的复合词后产生一意多元的代表意义，[①] 谢奇峰阐述了清末台南府城内各境所组成的"联境"以及各"联境"所划分的街区、巷弄的历史变迁。"上境""正境""分境""合境""联境"等，都是"境"所呈现的聚落空间形态的不同表征，空间现象的背后是"境"所构建的聚落形态的不同方式。[②]

　　这些由"境"所衍生出的社会文化现象，呈现了"境"的两个重要空间特质。其一，"境"作为核心词，加上不同词缀之后，可以表述不同的空间现象。这些空间现象以"境"为核心，衍生出人居环境、社会结构、产业类型等不同空间的意义表达，可见"境"具有多个面向的空间文化意涵。其二，在城市、乡镇、村落等不同层级的传统聚落内，都具有"境"的空间文化现象。一般而言，城、镇都由若干个"境"组成，甚至有些大的村落也由多个"境"组成。一般村落往往一村一"境"，而规模较小或人口较少的村落则通过"信仰圈"或"祭祀圈"所组成的联合体，形成多村一"境"。"境"在传统聚落中所呈现的不同空间结构，以及多个"境"之间的相互作用等，都是聚落形态在空间上的具体呈现模式。本研究基于"境"的

---

① 谢奇峰：《台南府城联境组织研究》，台南市文化局，2013，第1页。

② 缪远：《"境"视角下福建传统聚落空间形态研究》，《东南学术》2017年第3期。

这两个主要空间特质，以"境"作为观察聚落空间形态的工具，并结合国外相关的空间研究理论，从文化人类学的视角解读"境"的空间形态，搭建聚落形态的空间构架。

第一节　"境"的词源本义与演变

"境"作为居住社区之代名词，兼具主观和客观的二元性空间释义：一方面，由具象实质的道路、建筑、街区所构筑的客观环境的居住空间单元，具有相对固定的场所属性；另一方面，通过绕境、巡境、安五营等民俗仪式形成的信众主观认知的神圣空间，具有随着生存环境的变化而变化的边界特质。民众以现实生存环境为基础，凭借信仰仪式构筑的抽象精神世界，是集体意志所共同透射出的空间影像载体。然而，"境"既非二元空间的机械式糅合，又非现世生活场域（site）与神圣领域（domain）的简单叠加。笔者在福建进行田野调查时，发现许多不同类型和名称的"境"，依据不同的时空场景呈现出不同的形态特征。可见，很难从单一学术领域对"境"的概念及空间意涵进行界定。本节旨在探讨作为居住社区的"境"所蕴含的文化属性与空间结构，以及"境"的概念意涵与空间形态的关系。

一、具象本意

"境"，《说文解字》释曰："疆也，从土，竟声。经典通用'竟'。"[①]《康熙字典》注"曰：《说文》，疆也，一曰竟也，疆土至此而竟也。《鲁语》：外臣之言不越境。《史记·诸侯王表》：诸侯比境。《注》：地相接次也。《前汉地理志》：开地斥境，通作竟。"又《左传·宣公二年》："亡不越竟。"《庄子·天道》："边竟有人焉。"可见，"境"的本义为疆界，后来引申出疆土、地域、地界等义，是指称具象环境的空间范围概念。

二、抽象衍生

"境"指称抽象空间场景的例子，最早见于《庄子·逍遥游》："定乎内外之分，

---

① ［东汉］许慎撰，［清］段玉裁注：《说文解字注》，上海古籍出版社，1981，第102页。

辩乎荣辱之境。"① 佛教引入我国后，佛教徒借用"境"来格义佛理，指称意识的等级区域，有所谓"倏忽无常境""泥洹之境"等说。佛家认为，"心之所游履攀缘者，谓之境"，故"境"统一于"心"。但无论是荣辱之"处境"，还是意识之"心境"，都是由客观具象的环境载体引发或产生的。随着《楞伽经》的翻译和传播，"境"作为梵文"visaya""artha"的译语，被赋予更多与意识相关的含义。②

三、二元融合

《佛光大辞典》③ 对"境"的解释是："梵语'visaya'，意为感觉作用之区域；或'artha'，意为对象；或'gocara'，意为心之活动的范围。又译作境界、尘。1. 即根与识之对象，亦即心与感官所感觉或思维之对象。2. 分限之义。如佛与众生，凡与圣，各因其所知所觉之程度不同，而有分限差别。《无量寿经》卷上谓，斯义弘深，非我境界。"故从释义来看，"境"具有两个方面的意涵。其一，诸种感官感知的客观事物，即是"环境"。如《佛光大辞典》④ 对"环境"的解释是："人类生活主体之外的活动空间。"其二，佛与众生、凡与圣对客观环境事物所能达到的认知境界，就是心境。以人为空间的主体，以"境"为空间的客体，可将"境"分为客观具象物质的"尘境""色境""根身境"等，与主观抽象心识的"别境""顺境""境智"等，以及融合客观物质环境与主观抽象心境的"法境"等。

"境"的客观物质环境与主观抽象心境的交融与转变过程，可在汉唐文学作品中窥见端倪。据萧驰对《全唐诗》的统计，"境"共在 620 余首诗中出现。中唐以后，"境"才开始与心识有关。⑤ 寓主观于客观的存在方式，在王昌龄的《诗格》中有述："诗有三境，一曰物境，二曰情境，三曰意境。"以马致远的《天净沙·秋思》为例，"物境"是客观物象，是"枯藤老树昏鸦"；"情境"是诗人触景生情下的"断肠人在天涯"；"意境"则是融合二者的哲思，是曲题"秋思"。"境"作为理想生存空间的代名词，是兼具主观精神世界与客观物质环境的二元空间概念。一方

---

① 蒋寅：《原始与会通："意境"概念的古与今——兼论王国维对"意境"的曲解》，《北京大学学报（哲学社会科学版）》2007 年第 3 期。

② 刘卫林：《中唐诗境说研究》，博士学位论文，香港大学，1999。

③ 慈怡法师主编：《佛光大辞典》，北京图书馆出版社，2005，第 5765 页。

④ 慈怡法师主编：《佛光大辞典》，北京图书馆出版社，2005，第 6450 页。

⑤ 萧驰：《佛法与诗境》，中华书局，2005，第 121—124 页。

面是具象可见的世俗场域，如街道、建筑等生存环境；另一方面是抽象非可见的神佑领域，如"五营"联结成的非视觉化的心理认知防御线。神圣领域与世俗场域的空间图景相互叠加，就构成了"合境平安"的理想生存空间。

在不同的生活语境中，"境"具有不同面向的意义指向，由此成为融合多义的空间复合概念，被用来定义"聚落空间"。佛教与道教不仅对"境"的词义演变产生了重要影响，还赋予"境"以特殊的空间意义。我们今天所见到的"境"，就是以境庙为核心，由各境庙组织和不同信众群体所划分的社区空间，通过民间信仰仪式来界定社区边界的。

闽台地区的民间信仰虽然以道教为主，但道教的发展受到佛教的深远影响，故对于"境"空间的探讨，特别是对于民间信仰下的"祭祀圈"与"信仰圈"所形成的社会空间的探讨，必须要立足于佛教与道教的关系及相互影响。

"境"的词义演变过程可简单概述为：先由抽象时间之"竟"演化为具象疆界之"境"，再引申为庄子之"处境"、张守节之"环境"。佛教自东汉末年由印度传入我国后，佛教徒借用"境"来格义佛理，"境"开始具有学理上的意涵。[①] 而宗教对"境"的哲学思辨，又促进了"境"意涵的融合与拓展。佛家认为，"心之所游履攀缘者谓之境""境由心造""境由心转"。因此，由心识所形塑的"境"是一种幻象。这样一来，"境"就成为有别于客观物象、抽象处境的，哲学唯心的"心境"。本研究所谓的"境"离不开融合了儒、佛、道的民间信仰，民间信仰以主观方式定义了神佑空间。因此，厘清"境"的宗教意涵，明晰"境"的文化学理，就成为理解"境"所指代的聚落空间的必要前提。

魏晋时期，由于人们对佛典的理解水平不高，常常通过"格义"的方式，以老庄之"境"来解释佛教之"境"，从而将佛教与道家系连起来，促成玄佛合流的局面。[②] 东晋时期，僧肇在《肇论》中以非有非无、即有即无、有无双遣的般若中道观，将佛教般若学从玄学中解脱出来。明代僧人憨山德清在《庄子内篇注》中融入了大量佛教思想，形成"以佛化庄"的局面。此外，道教在发展过程中，也通过汲取佛教教义来丰富自身的理论。在佛道融合的过程中，"境"作为哲学思辨的重要

---

① 范宁：《关于境界说》，《文学评论》1982 年第 1 期。
② 王红蕾：《缘起与本根：佛教与道教宇宙观的冲突与调和——憨山德清〈庄子内篇注·齐物论〉研究》，《哲学研究》2007 年第 4 期。

概念被反复定义，从而为"境"的多元意涵构筑了宗教文化基础。蒙文通认为："道家之学，唐代前期，首推成、李。"①下文将探讨的是佛教之"心境"与成玄英、李荣之"环境"的文化内涵与差异，为境域研究奠定文化学理基础。

（一）佛之心境

《阿毗达摩俱舍论·光记二》②"心心所法名能缘，境是所缘"之"能"，指的是"能鉴之智"，近似于西哲所谓的人的认识能力及作用，或者说认识的主体；"所"指的是"所照之境"，即心识的对象——外在事物和现象，或者说认识的客体。"心心所法名能缘，境是所缘"的意思是，人的心识不独起，须缘外境而生，而能缘外境而生者即是境。因此，佛曰："境由心造，境随心转。"修行所能达到的境界是由心识的作用力所决定的，"心境"就是心识的意志力所能达到的"境"的范围和层次。③圣与凡、佛与众生的一个根本区别就是心识程度的不同，圣高于凡，佛高于众生。因此，民众借助神明的超能力达成对世俗生存环境的神圣定义，以期获得神明的护佑。

（二）道之环境

与佛教从心识层面认知"境"有所不同，道教更偏重于与心识对等的环境，在一定程度上取消了主体和客体的对立与区分。④成玄英《庄子疏》曰："夫知必对境，非境不当。境既生灭不定，知亦待夺无常。唯当境知两忘，能所双绝者，方能无可无不可，然后无患也已。"李荣《老子注》亦曰："所照之境，触境皆空，能鉴之智，无智不寂，能所俱泯，境智同忘，不知也。"可见，在道家看来，既然万"象"是不定的，由万"象"产生的认知（心、智）是不定的，那么，由认知产生的万"境"皆为虚幻，故以自然为最高权威。因此，有别于佛教的重视"心境"，道教更为注重"境象"的客观表征和客观存在的环境，这一思想可从道教对自然环境的尊崇中略见一斑。⑤

此外，"境"在道教中还具有"仙境"之义。有别于佛教"六道轮回"的时空场景，道教用"洞天福地"将传说中的仙境扩展到人世间的名川大山，使"绝地

① 杨维中：《论唯识宗佛性思想的特征——识体理体与生佛两界》，《宗教学研究》2007年第1期。
② 《阿毗达摩俱舍论》简称《俱舍论》，古印度世亲造，唐玄奘译，共30卷。
③ 蔡方鹿：《成玄英〈庄子疏〉"知与不知，通而为一"的思想》，《宗教学研究》1998年第2期。
④ 刘达、黄海德：《论道家之"道"》，《中华文化论坛》1998年第2期。
⑤ 郭庆藩：《庄子集释》第一册，中华书局，1960，第224—226页。

天通"以来被分割为两极的"人世"与"仙界"互相沟通。①"仙境"是指中国远古神话中仙人生活的地方。《列仙传·邗子》描述的仙境与人间毗邻,《玄中记》与《茅君传》指明了人间通往仙境的道路,唐初道士司马承祯的《天地宫府图》则列出了"三十六小洞天"的具体名称,福建宁德的霍童山被列为"第一洞天"。如果说道教将中国远古神话中遥不可及的仙境扩展到人神共居的空间中,那么,民间信仰中的"境域"就是指人神共居的生活环境。

无论是"境象"之"境"还是"仙境"之"境",都更倾向于客观存在的实质环境,和佛教的主观"心境"构成了具象与抽象的二元对立。除"物我观"的隐性哲学思辨外,"境"还有哪些显性的文化表征形式?这些显性的文化表征形式能否用来分析境域所展现的空间概念以及构成模式呢?如前所述,"境"融入佛教与道教后,便具有了主观和客观的双重属性,并衍生出"情境""意境""境界"等概念。"意境"作为中国传统美学的核心概念,其所包含的空间哲学在以诗词、绘画为代表的文艺作品中均有所体现。

(三)哲思之"三境"

中唐以后,"境"开始与心识相关。据萧驰对《全唐诗》的统计,"境"共在620余首诗中出现,这无疑反映了时代背景影响下的词义演变,而词义演变背后呈现的是哲学观念的转变。唐代,王昌龄在《诗格》中提出了"诗有三境"说,即"一曰物境,二曰情境,三曰意境"。宋代,虔州知军孔宗瀚筑八境台后绘制《虔州八境图》,并请苏轼题诗。苏轼遂作《虔州八境图八首并序》,在中国历史上首次提出"城市八境(景)"概念,形成一组旅游胜境,并为后世所模仿。苏诗分别描述了虔州"八境"的奇丽风光,并由不同景致的胜境引发出不同的心境。从哲学角度来看,"境"是心与物、情与景的统一,思想感情、审美情趣与自然景物的交融。从这个意义来看,"境"具有主观、客观及主客观融合三种空间意涵。

西方汉学家也从客观的环境、主观的情境、主客观交融的意境三个层面来解构"境"的意涵。美国耶鲁大学教授孙康宜认为,"在中国的诗学历史上,理想的诗境是主观内在与客观外在的结合",并以"诗的世界"来翻译"境"。②加拿大卑诗大学教授叶嘉莹将将"境"译为"被感知的环境"(perceived setting)。这个英文的中

---

① 苟波:《试论道教仙境说的特征及意义》,《宗教学研究》2002年第4期。
② [美]孙康宜:《词与文类研究》,李奭学译,北京大学出版社,1980。

心词"setting"是客观的存在，同时又被人的"感知"所修饰和限定，因而也是主观的存在。此外，叶嘉莹还将"境"译为近似的"经验世界"（experienced world / world of experience），这个英文的中心词是"world"，而"经验"（experienced）则是人的主观感知和体验。[①] 可见，西方汉学家翻译"境"的用词虽有不同，但都是以主观和客观的二元面向及其融合作为翻译的文化基础的。因此，有学者提出，"境"的要义，不仅在于人的主观意识和景的客观物象的共存，而且更在于二者的共存方式。[②]

综上所述，"境"是以客观居住环境为基础，在神明与祖先崇拜的民间信仰情境下，对居住环境进行的二次定义，是主观和客观融合的人居环境。以传统城乡聚落空间为例，建筑、街道、里坊、城墙等满足生活需求的空间，与祭祀的主神、镇境的宫庙、保域的绕境等情境仪式构筑的神圣空间，共同构成一个完整的"境域"。

第二节 "境"的空间文化与解构

这里的"境"是指满足民众对安定生活的基本诉求的理想状态下的人居环境空间。"境"空间的形成过程，是一个将"境"的词源义应用于现实生活的过程。对于"境"空间文化的解构，除要探讨"境"本身具有的抽象文化意义外，还应结合"境"在传统聚落现实生活中的具象空间表征形式，从"境"空间的组成内容与构成方式上进行解构。

一、"境"空间文化的形成与特征

随着宗教与审美意识的发展，"境"的文化意涵越来越丰富，逐渐兼具客观物质和主观非物质的空间文化特质。福建传统聚落中，当地民众主要从"环境"和"心境"两个层面来认知与界定"境"的空间，最终形成理想的人居环境。从文化演变的视角来看，"境"的空间架构是基于物质环境与主观心境的二元建构，是物质环境与主观心境相融合的产物。当"境"被用来形容理想的人居环境时，"境"所具有的

①　叶嘉莹：《王国维及其文学批评》，广东人民出版社，1982，第 225 页。
②　段炼：《当代西方汉学研究与"境"的概念——兼论张炎词论的"清空"之境》，《中国文学研究》2007 年第 3 期。

空间文化意义就会呈现出相应的空间表征：在"合境平安"的诉求下，民众透过主观的心识对客观的环境进行再造，借助信仰仪式活动来求得神明对现实生活环境的庇佑。下面，拟以客观环境与主观心境为工具，对境域的二元空间进行解构。

（一）客观环境与主观心境

闽台汉人聚落大多属于移民社会，汉族移民入闽之初，不仅要面对蛮荒之地的恶劣环境，还要面对自然灾害和瘟疫等传染疾病，故极为渴望获得神力的庇佑。汉族移民为了与他族争夺有限的生存资源外，面对战争、匪患等，急需团结和凝聚起来，而共同的祖先就成为这一向心力的圆心。神明护佑与祖先崇拜共同造就了闽台地区以道教为主，融合佛儒的民间信仰，闽台两地数量庞大的宫庙家祠、频繁的民间信仰活动即是明证。在闽台传统聚落中，对客观环境的主观定义、对"心理生活空间"与"精神信仰空间"的塑造均显得尤为突出。刘沛林认为，"中国传统文化村落的'心理生活空间'即'精神空间'，或源于宗族观念，或源于宗教意识，但从整体涵盖性来讲，它们往往又形成合而为一的精神空间"。[1] 在中国民间宗教的理想的人居环境中，民众既祈望获得神灵的赐福、解厄，又希望阴间鬼魂安分守己，常常通过娱神的方式，祈求"合境平安"。

（二）神圣境庙对世俗环境的护佑

汉唐时期，"境"成为佛道融合的关键概念，人们结合民间信仰和文化意涵来定义居住环境。"境"作为人居环境的代称，在宋元时期的文献中不乏实例。

根据陈金亮的研究，福建东南地区"境"的起源，最晚可追溯到元朝。笔者查阅方志资料后发现，以"境"指代居住环境或者出现在宫庙名称中的例子，在南宋以前就有。据乾隆《福州府志》载，宋人黄彝在嘉祐七年（1062）成书的《永福县洑口通灵护境庙记》中称：

永福县东南二里而近大溪之滨，高阜之上有护境王庙存焉。王姓陈，讳必胜，汉时人也。家于闽城之乌石山，兄弟九人皆著奇节，没而有灵，肇显于洑口之地，其民相与立祠，貌钦事之且久……

---

[1]　刘沛林：《论中国历史文化村落的"精神空间"》，《北京大学学报（哲学社会科学版）》1996年第1期。

下面，围绕黄彝所作的庙记史料，探讨几个与现今的"境域"相似的概念：

1. 境庙

境域的核心为境庙，每一个境都有境庙。在民间信仰中，境庙都有一定的护佑地域范围。关于境庙与"境"的构成关系，郑振满指出："社与庙都是构成境的必要条件，江口平原的每一村落，都有全村共同信奉的村庙，这些村庙大多是由明代的里社演变而来的。"[①] 前述资料表明，早在宋朝，就已出现以民间信仰祭祀地方神的境庙。陈金亮据镌于泉州草庵摩尼光佛摩崖造像右上角的崖刻"兴化路丽山境"，对"境"是由明代的"里社制"演化而来的观点提出了质疑。

2. 祀神特征

境庙必有祀神。由《永福县洑口通灵护境庙记》中的"家于闽城之乌石山，兄弟九人皆著奇节"来看，祀神为地方神，且具有多神性的特征。据清代郭柏苍《竹间十日话》《乌石山志》、林枫《榕城考古略》、郑祖庚《闽县乡土志》载，泉州与福州的"境"主神大多为地方性神明。与通灵护境庙的祀神一样，境庙的祀神也具有地域性和多神性的特征。

3. 社会功能

"境"的主要作用是满足信众"保境安民"的心理诉求，相关仪式活动均以境庙和境庙祀神为中心展开。"保境"是指通过绕境、镇五营等仪式来呈现神力所覆盖的区域，"安民"是指以具有不同神力的"主神""属神""客神"等来满足信众的心理诉求。无论是保境还是安民，都离不开神明的支持。"没而有灵，肇显于洑口之地"，正是境庙祀神具有护佑一方平安之神力的诠释。

在"保境安民"的心理诉求下，"境"成为居住区域的代名词是符合逻辑的。"境"字意义的演变过程可概述为："境→境的时空本义→受到宗教文化的影响→形成境的多元文化意涵→被用来形容民间信仰的空间→形成境域概念。"从字义的历史演变来递推"境"空间文化概念的形成，为研究"境"空间意涵提供了一种思路和模式。"境"空间文化的形成过程可概述为：《周礼》的"疆界"本义→庄子"荣辱之境"的抽象空间场景→佛教译著指称的意识等级区域。魏晋南北朝时期，佛学与玄学融合后，"境"的文化意涵越来越多元，物境、情境、意境的空间多元性融合在一起，用信仰文化中的主观空间对客观环境进行神圣定义，形成融合宗教神圣

---

① 郑振满：《神庙祭典与社区发展模式——莆田江口平原的例证》，《史林》1995 年第 1 期。

空间与现实人居环境的境域概念。明代泉州城的"铺境"、清代台南府城的"联境"、宁德杉洋镇的"房境"等都是境域的不同表现形式。

二、"境"的空间解构

在闽台地区的城乡传统聚落中，"境"具有主观和客观的二元空间意义。用图层的方式剥离"境"的聚落空间场景后，便可发现：第一层是民众生活的世俗场域，有民居建筑、巷弄街区；第二层是神明护佑的神圣领域，有境庙、境域、五营、绕境；第三层是两者叠加的共居环境。从民众的认知角度来看，"境"具有空间的层次性。从与"境"相关的词汇来看，"境"空间涵盖地域区位、聚落形态、社会结构等，呈现出"境"空间的多义性。

从"境"的词源演变来看，"境"空间概念的形成与宗教密不可分，故不能脱离民间信仰的宗教背景来解析"境"空间。美国社会学家托马斯·奥戴（Thomas F.O'Dea）认为，任何一种宗教的真正核心之处都活跃着神圣，缺少这个核心，宗教就不成为宗教。[①] 神圣不仅是宗教的讨论范畴，"神圣"与"世俗"的关系也是解读西方哲学的一个重要维度。[②]"境"的文化意涵既有着浓厚的宗教背景，又蕴含着代表中国传统哲学思想的"物—我"境界观。下面，将结合西方哲学中"神圣"与"世俗"的空间二元论，在本土文化的语境中透析"境"的空间构成，进而从空间的视角观察聚落形态。

（一）"神圣—世俗"

1. "神圣"与"世俗"的空间二元划分

米尔恰·伊利亚德（Mircea Eliade）运用"神圣"与"世俗"的概念，对包括空间在内的事物进行界定和分类。他认为，神圣空间是具有宗教意识的"信众"（homo religiosus）通过"显圣物"（hierophany）界定的；"显圣物"包括时间、仪式等抽象形式。除此之外的都属于"世俗空间"。[③] 神圣和世俗的区别，就是"显圣物"区别于"世俗物"的存在方式。空间具有神圣与世俗的差异性，因而形成了空间的"非均质"（non-homogeneity）。"显圣物"和"信众"作为伊利亚德神圣空

---

① ［美］奥戴：《宗教社会学》，刘瑞忠等译，中国社会科学出版社，1990。
② 彭立群：《神圣与世俗二重变奏中的西方哲学》，《教学与研究》2005 年第 6 期。
③ 李小艳：《宗教的神圣与世俗》，《东南大学学报（哲学社会科学版）》2012 年第 4 期。

间的理论基点，由此成为阐释空间理论的最重要工具。

伊利亚德在"显圣物"辨识方法论的基础上，提出神圣与世俗的样尺裁剪了传统社会中所有的行为和观念，神圣和世俗不仅是人类生命存在的两种基本样式，也一种方法论用来分析一切神圣的现象和世俗的生活。"信众"通过具有自我表征神圣性的"显圣物"来"圣化"（sanctification）事物，以完成神圣与世俗的区分，并达成"世俗→信众→显圣物→圣化→神圣"的逻辑转换空间。从类型学的角度来看，伊利亚德是以"信众"为主体、空间为客体、"显圣物"为工具，透过"圣化"的方式对空间进行二元分类，从而提出非神圣即世俗的空间理论的。

2. 正式与非正式神圣空间

围绕神圣空间，孔丽进一步提出"正式神圣"场所（officially sacred site）与"非正式神圣"场所（unofficially sacred site）的分类法则。"正式神圣"场所是指教堂、寺庙之类的具有崇拜功能的圣地，"非正式神圣"场所是指隐藏在日常生活空间中的具有宗教意义的神圣空间，如学校、路边神龛等。[①]孔丽理论的借鉴意义在于，神圣空间与世俗空间并非一成不变，而是随着社会时空场景的改变而发生适应性的变化，仪式和行为被修改以适应现代化的生活需要。因此，神圣与世俗存在于相对的时空场景中，两者可以相互转换。

3. 神圣空间的世俗化

在"正式神圣"场所与"非正式神圣"场所的基础上，约翰逊（R.H.Jackson）和亨利（R.Henrie）从类型学的角度进一步提出神圣空间的"世俗化"概念，并将神圣空间分为神秘宗教地、家乡、历史性地点三类。[②]例如，故乡作为一种神圣空间，它在思乡人的心中基本上已没有神的属质，却是在人类心目中确实具有神圣含义的空间概念。故乡与"历史性地点"同属于"人文意义的神圣空间"。而寺庙、仪式祭台等则属于"巫术—宗教意义的神圣空间"，是一个与世俗空间截然不同的空间。可见，人类不同的附加情愫使得一些世俗空间升格成为神圣空间，神圣空间在本质上是由世俗环境构成的。因此，在托马斯·巴里（Thomas Barrie）看来，神圣空间的本质就是"世俗空间＋意义的综合"，而"意义"本身又涉及神圣空间的

---

① ［罗马尼亚］伊利亚德：《神圣与世俗》，王建光译，华夏出版社，2002。

② R. H. Jackson and R. Henrie, "Perception of Sacred Space", *Journal of cultural Geography3* (1983), pp. 94-107.

起源、使用和形式等诸多因素，而这些都源于人的阐释，是阐释创造了意义。[①]

约翰逊和亨利提出的"世俗化"概念以及对静态的家乡和历史性地点的界定，提出了一种宗教心理学的世俗化神圣空间。但有学者提出，"世俗化"概念没有呈现出神圣空间类型演化的动态性。[②]

中国道教的主要特征是现实化、世俗化，并对政治、经济、文化产生深刻的影响。[③]神圣空间之下是世俗生活的需求，故对"世俗化"进行梳理，有助于厘清"神圣—世俗"的空间现象。

（二）"境"空间的解析

西方哲学"神圣—世俗"二元空间的切割方法，"正式神圣"场所与"非正式神圣"场所的"相对存在"、神圣空间—世俗空间的"世俗化"糅合，均可作为解析"境"空间意涵的工具。在闽台传统聚落中，"境"的神圣空间是由"信众"借助"显圣物"塑造的，"显圣物"以神明为核心，包括由神明祭祀衍生的事物，如祭祀神明的境庙，神明出行的游神、巡境、绕境等仪式。信众一方面通过具象实质的"显圣物"（如境主公、境庙、五营、石敢当、风狮爷等）来定义神圣空间，以求"保境安民""合境平安"；另一方面通过抽象的习俗仪式（如"主神绕境""伯爷查夜""千岁巡守"等）来强调神力护佑，甚至通过"送瘟王船"[④]的方式逆向形塑神圣空间。

伊利亚德所界定的神圣空间与世俗空间，是明确对立和隔离的两种空间。如教堂大门标志物代表一种"连续性的中断"（a solution of continuity），它区分了教堂内外的神圣与世俗的领域范畴。教堂大门具有"显圣物"的属性以后，就不再是世俗的对象，神圣空间与世俗空间也就有了明确的"对立性"。[⑤]与伊利亚德的神圣空间与世俗空间的"对立性"相比，"境"的空间现象呈现出一种"相对性"。

在"境"空间中，神圣空间与世俗空间在存在形式上并非绝对对立，神圣空间是叠加在世俗环境之上的，神圣空间由此具有了"世俗化"的特征，神圣空间与世

① Thomas Barrie, *Spiritual Path, Sacred Place:Myth, Ritual, and Meaning in Architecture* (Boston and Lodon:Shambahala Publications,1996),p.52.

② 张俊：《神圣空间与信仰》，《福建论坛（人文社会科学版）》2010 年第 7 期。

③ 赵洪伟：《中国宗教精神：世俗化、现实化》，《济宁师专学报》1994 年第 1 期。

④ 送瘟王船：送瘟祈福的民间信俗仪式活动。2020 年 12 月，由中国、马来西亚联合提名的"送王船——有关人与海洋可持续联系的仪式及相关实践"被列入《人类非物质文化遗产代表作名录》。

⑤ [罗马尼亚]伊利亚德：《神圣与世俗》，王建光译，华夏出版社，2002。

俗空间是互相融合的。例如，五营、绕境等"显圣物"界定的神圣空间以外，是不受神力庇佑而存在着邪物的世界。在传统聚落中，境庙是神圣的中心，内五营则进一步强化了这一神圣领域；境庙外的生产生活空间是相对的世俗空间，是日常世俗行为的空间容器。而在境庙的内部，境主公的神座是绝对的神圣空间，奉祀祭品的台案则是相对世俗的空间，或者说是人神交流的中介空间。可见，在"境"的概念下，神圣是相对于世俗而存在的。此外，"境"的神圣空间还具有不同的层级。境主公所处的境庙是神圣的中心，五营方位与绕境边界所确立的是神佑境域，包括生活生产的世俗空间。（见图 2-1）

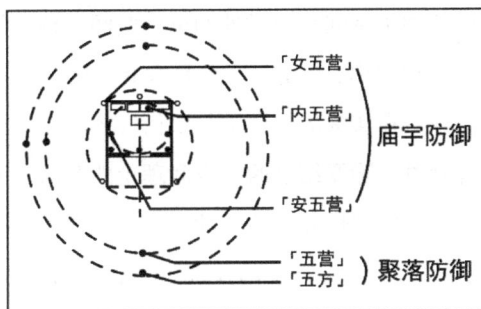

图 2-1 五营形塑神圣领域的层级与聚落实体场域关系图 [①]

运用西方理论阐释本土文化现象时，需要对西方理论进行一定的修正。李丰楙认为，不能用伊利亚德的"神圣—世俗"理论来解释所有的非常行为，所以从本土文化语境与民众文化心态的视角提出"常"与"非常"的概念，来探讨"神圣—世俗"理论没有涵盖的"时间"概念。"在时间的流动方面，从一个平常的时间进入到非常的时间，也就是从凡俗时间进入神圣时间"。[②] 这句话是说，在一些特殊的日子里，一些"常"的世俗空间会变成"非常"的神圣空间。如普通四合院的正厅，在某些特殊的节日或特殊的日子里，就会变成"非常"的神圣空间。

李丰楙还提出，神圣是相对于污秽而存在的。"仪式中最重要的就是境的安奠，一座房子的建筑部分已经完成，但是未举行安奠仪式，就会觉得这座房子还没有盖

---

① 方凤玉：《"五营"之空间概念研究》，博士学位论文，台湾云林科技大学设计学研究所，2005，第 75 页。

② 李丰楙：《道、法信仰习俗与台湾传统建筑》，载郭肇立主编：《聚落与社会》，（台北）田园城市文化事业有限公司，1998，第 110—111 页。

好。只有把污秽赶出去，这个地方才成为洁净而神圣的境域"。[1] 由此可见，在一些民间信仰中，仪式是形成神圣与世俗差异的重要因素。

伊利亚德认为，神圣空间是具有宗教意识的信众通过"显圣物"或其他形式界定的存在物质，除此之外的都属于"世俗空间"。需要指出的是，伊利亚德所界定的神圣空间与世俗空间是明确对立和隔离的两种空间，某种物体具有"显圣物"的属性后，就不再是世俗的物体。在中国传统境域观里，神圣空间和世俗空间既是有所区别的，也是可以叠加的。例如，以境庙为中心、五营为边界所确立的神圣领域中，包括了生活和生产的世俗空间，神俗二者是相互依存的。而在伊利亚德看来，教堂大门区分了教堂内的神圣空间与教堂外的世俗空间，神俗是以二元对立的空间形式存在的。因此，李丰楙提出："'境'字真是大有学问，如果要谈中国人的空间观念，一定要去面对'境'在实际的运用中是如何发挥的。"[2]

研究中国传统的境域时，除要结合西方空间理论的范畴、范式外，还需参照在地文化背景。仪式作为具有象征性和表演性的民间传统行为，体现了人类群体思维和行动的本质。王铭铭认为，乡土社会的仪式是"隐秘的文本"，是活着的"社会文本"，它提供我们了解、参与社会实践的"引论"。[3] 闽台地区的传统民俗仪式是以佛、道、儒三教思想为基础的，佛、道、儒三教以其丰富的思想资源提供了对神圣与世俗关系的解说。[4]

佛教传入我国后，"境"具有了精神世界的意涵，这对中国哲学产生了重要的影响。佛家认为，精神世界中的"境"是"心之所游履攀缘者"，故"境"统一于"心"。"境"由此成为一种兼容敞开的场域，区别于西方哲学的主客二分。同时，"境"又是被感觉的对象，是眼、耳、鼻、舌、身、意六根之感觉思维作用的对象。换言之，境是六感所了解分别的对象，"六境"可概括宇宙间的一切现象。中国传统文化语境下的"境"，反映出主观心境与客观环境的交互关系。"境"文化中的"心境"与"环境"形成主、客二元分立的格局，主、客二元分立的格局以民间信

---

[1] 李丰楙：《道、法信仰习俗与台湾传统建筑》，载郭肇立主编：《聚落与社会》，（台北）田园城市文化事业有限公司，1998，第 114 页。

[2] 李丰楙：《道、法信仰习俗与台湾传统建筑》，载郭肇立主编：《聚落与社会》，（台北）田园城市文化事业有限公司，1998，第 112 页。

[3] 王铭铭：《象征的秩序》，《读书》1998 年第 2 期。

[4] 张祎娜：《中西宗教中"神圣与世俗"关系的异同比较》，《武汉大学学报（人文科学版）》2011 年第 6 期。

仰的方式整合起来，精神领域与世俗生活空间的叠加，形成隐形神圣与显性世俗相糅合的空间概念。

"境"意涵的形成，不仅与"环境""心境"之主、客二元空间概念密不可分，宗教也赋予了"境"特殊的复合空间文化意义。因此，具有宗教意识的"信众"借用"境"的空间意义，来指称神圣领域覆盖下的世俗生活场域，由此形成兼具主、客二元分立与统一的空间概念。在民众的空间认知中，"境"时而指涉生存地域空间，时而象征神佑领域边界或祭祀信仰范围，二者合二为一，形成兼具客观生活环境与主观精神世界的理想生活空间。

作为聚落代名词的"境"，本身具有丰富的空间文化意涵。"境"是以宗教信仰为核心，结合客观的物质环境和主观的精神需求，所形塑的一种理想空间状态。用西方的神—俗理论来理解，这种理想空间状态是一种空间的二元划分。而在本土文化语境下，神—俗空间并非截然对立，而是可以融合叠加的。因此，对"境"的空间研究，就是要讨论境的神圣—世俗、物质与非物质二元空间关系所形塑的聚落形态。

第三节 "境"在传统聚落的空间表征

一、物质空间

物质空间是构成"境"的物质基础。具体而言，是指境域范围内的广义建筑空间，包括宫庙、民居、建筑所处的环境、建筑群形成的街巷、街巷组成的社区等，是具象实质环境所构成的聚落物质空间形态。"境"以境庙为核心，以境主神所庇佑的社区范围为边界，形成一个完整境域单元所具备的物质空间。其中，境庙在界定境域所辖空间范围的同时，也形成了境域的空间单元概念，故成为境域的地标。此外，依据"境"必有境庙的规律，可以通过境庙的形成、分布、变迁，来考察境域所辖空间范围的演变，进而探讨聚落的空间形态。

二、社会空间

社会空间是人类的活动、认知、关系等社会行为所形成的空间，是人类活动作用于有形物质环境之上而形成的空间。相同的聚落物质空间，由于不同的社会行为与社会关系而形成了不同的社会空间，进而形成了不同的境域。例如，宁德市古田县杉洋镇的"四姓八境"，在聚族而居时由于社会关系的不同而形成了八个不同的境域；宁德市罗源县中房镇"七境茶"经济产业联合体，是七个境域的联合；宁德市蕉城区霍童镇由于族群信仰的差异而形成了四个不同的境域，等等。

三、仪式空间

以民间信仰为核心的"境"文化，是通过民俗仪式来达成物质空间与社会空间的联系和融合的。其中，围绕境主神的一系列民俗祭祀仪式，是最主要的社会活动。原本单纯的人居环境一旦附加上神圣仪式，在民众的意识中就成为由神明庇佑的人神共居环境。这是民众在"合境平安"的心理诉求下，通过营造境庙、祭祀神明、绕巡境等民俗活动，在具象的世俗生活场域上定义抽象的神明护佑领域。

第四节 "境"的空间意涵

"境"在聚落中呈现出两种空间样式，一种是境域的物质空间，或者说是境域的物质环境。具体而言，是境域范围内的建筑、街道、社区等有形的构筑物；另一种是境域的社会空间，是境域的机构组织通过信仰仪式和其他社会活动达成的共同社会关系，并对聚落的有形物质空间进行划分。物质环境与社会空间，共同构建起聚落形态的研究框架。

聚落也是由空间构成的，且不能脱离于人而存在，故聚落空间也具有具象的物质性与抽象的社会性。首先，以土地为基础的自然环境和土地上的构筑物，共同构成客观存在的空间物质性。其次，在物质环境空间下，不同的社会行为与社会关系产生了非物质的社会空间。物质空间是可以感知的实质空间，"社会空间"具有不同向度的释义以及不同维度的空间意涵。史密斯认为："如同数学空间用于表示自然事实的抽象领域，社会空间是依据社会事实而人为构造的抽象领域，可以通过众多的方式来界定。社会空间是人类活动的产物，具体而言，是'人'在'物质环境空间'下产生的'社会行为空间'。"[1] 作为居住社区的"境"的空间表现形式有两

---

[1] Neil Smith, *Uneven Development:Nature,Capital and the Production of Space*(Basil Blackwell,1984),p.75.

种:一方面,由实质的道路、建筑、街区等构筑成世俗生活中客观存在的聚落物质空间;另一方面,由绕境、巡境、安五营等民俗仪式构筑成存在于民众精神世界的神圣空间。同时,一定范围内的人群通过仪式行为,形成了共同活动关系下的社会空间。

"境"作为聚落的代名词,受到多方面因素的影响。首先,"境"的词源义是疆域,是具有明确的边界范围的空间概念。在"境"词义演变的过程中,宗教赋予"境"以神圣空间的意涵,从而使其成为独具中华文化特色的空间概念。"境"空间意涵具有明显的哲思结构,"境"是以宗教信仰为核心,结合客观的物质环境和主观的精神需求,所形塑的一种理想空间状态。从西方的神—俗理论来看,这种理想空间状态是一种空间的二元划分。在本土文化背景下,神—俗空间并不是绝对的对立,而是相对的存在,且具有层级性,可通过宗教仪式在实质环境中达成。因此,"境"空间概念的探究涉及两方面的内容,一是对世俗物质空间的界域、领域等具象空间单元的探讨,二是对神圣空间背后的社会空间结构关系的探究。

按照西方空间理论,聚落中的境域虽然同时具有神圣与世俗的空间结构,但二者并不是相互对立的,而是相互融合和叠加的。在祭祀、节庆等"非常"时期,一些"常"的世俗空间会变成"非常"的神圣空间,从而引起境域空间结构的变化。"非常态"的神圣空间被重新定义后,会形成"非常态"下的社会空间关系。不同境域形成的社会空间共同体(如"合境""联境"等),时间、人口、产业、灾患、行政管理等因素,都会造成世俗生活场域和神圣领域的变化,境域空间也会发生相应的变化。

在世俗与神圣视角下,境域空间具有物质、非物质的二元属性,但二者并不是相互对立的,在"非常"的时间、仪式、行为下产生叠加,从而成为复合的三元空间。民众借用"境"概念来形容或定义聚落时,聚落空间的表征也呈现出"境"的空间三元意义。"境"空间表征是多方面的,包括以境庙、街区为代表的物质空间,以绕境、安五营等仪式为代表的非物质空间,以及二者相结合的境域空间。物质空间与非物质空间在社会关系与仪式行为的作用下,共同形塑出不同空间表征的聚落形态。

第三章 "境"的存在形式与空间意义

目前,福建的许多地区都遗存有与"境"有关的空间现象,且呈现出不同聚落形态的空间意义。本章结合文献资料和田野调查,对聚落空间形态的存在形式及其空间形塑规律进行全面解析。

第一节 "里社"制度下境庙的演变
与其划定的聚落物质空间

"境庙"是由"境"概念衍生而来的概念。境庙是境域的神圣中心,每个"境"都有其唯一的境主庙,境主庙中奉祀一个主神及若干个陪祀神。不同地区对"主神"的称谓有所不同,有土主、社头公、社公、社神、境主、境主公、挡境主、大王、尊王、地主等。通常情况下,一"境"只有一座境庙。宁德地区的村庙都是以"境"命名的,如马山村村庙称"马山正境"(见图 3-1),牛栏头村村庙称"牛栏头正境"(见图 3-2),坪塔村村庙称"天鹅孵蛋境"(见图 3-3)。①

---

① "正境"原指宁德县城内的八座主要境庙,城外的境庙或者村内的境庙都不能称"正境"。20世纪 80 年代以后,很多重建的境庙都以"正境"自称。

图 3-1 马山村境庙 ①

图 3-2 后山村境庙牌 ②

---

① 本研究摄于 2017 年 9 月。

② 本研究摄于 2017 年 12 月。

图 3-3 坪塔村境门 [1]

　　福建一些地区因为种种原因，出现了多"境"一庙的现象，即几个"境"合建一座宫庙。[2] 例如，福建闽侯县大湖郎官诸天宫，由郎官、后塘、苑里、大湖等五"境"乡民合建，共同奉祀紧哪大王（俗传为杨七郎）为境主神。福州市西园村大王境庙由"龙台境""白崎境""帝君境""崎山东境"四境乡民合建，但各境的境主神不同，大王境庙的正厅是"龙台境"，供奉感应尊王神像；左边是"帝君境"，供奉牛制三郎神像；右边是"白崎境"，供奉白崎将军神像；右隔墙外大厅是"崎山东境"，供奉守土感应尊王神像。[3] 甘满堂认为，人口较多的自然村常常有多个庙宇，但并不是所有的庙宇都可以称为"村庙"，只有具备五项条件才能称为"村庙"：1. 有一定建筑面积的公共场所；2. 场所内供奉的神明是"社区神"；3. 社区中有相对固定的信仰人群；4. 每年都有围绕庙内诸神生日所举行的集体性活动，如聚餐（福餐）、做戏、道场（法会）、割火、游神等；5. 有当地居民自发成立的管理组织。[4] 在福建的农村地区，村庙是联系社区公共生活的纽带，具有宗教信仰、文化娱乐与交往等社会功能。

---

① 本研究摄于 2018 年 1 月。

② 林国平、彭文宇：《福建民间信仰》，福建人民出版社，1993，第 41 页。

③ 西园村委会编印：《西园乡土志》，1992，第 97 页。

④ 甘满堂：《福建民间信仰宗教社会学研究》，《中国社会科学院院报》2004 年 4 月 8 日。

　　从遍布闽东农村地区的境庙来看，境庙是依附于"境"概念之下的宫庙。也就是说，只有在"境"的空间定义下，宫庙才能称之为境庙。若没有"境"的存在，村庙只能称之为宫庙。通常情况下，每个"境"都有自己的境庙。"境"与境庙之间是互为依存的关系。根据"有境必有庙"的规律，通过考察境庙的村庙层级和社区层级，可以了解"境"所形塑的村落群之间的聚落形态；通过对比村落境庙与更高层级社区境庙的差异，可以观察境域所形塑的村落形态，以及多个村落所形成的联合体。

　　顾颉刚以福建泉州境庙祀神为例，探讨了境庙与古代社庙的关系，提出泉州城市聚落"铺境"空间区划的祭祀中心"铺神祠"（境庙），是由古代社庙演化而来的。[1] 社庙是古时民众春祈秋报的公共场所，除了祭地的功能外，还具有附祀对民众有大功德的贤人的功能。如《后汉书・儒林列传》曰："（宋登）为颍川太守，市无二价，道不拾遗。病免卒于家。汝阴人配社祀之。"《庄子・庚桑楚》曰："老聃之役有庚桑楚者，偏得老聃之道，以此居畏垒之山……居三年，畏垒大壤。畏垒之民相与言曰：'庚桑子之始来，吾洒然异之。今吾日计之而不足，岁计之而有余。庶几其圣人乎！子胡不相与尸而祝之，社而稷之乎？'"

　　关于境庙的前世今生，顾颉刚的描述是："不知何时，社庙变成了土地庙，社神变成了土地神，更规定尊号为福德正神。"[2] 社庙变成土地庙之后，原先负责"配祀于社"的士大夫们便不再过问社庙事务，土地庙逐渐成为乡民祭祀的场所，乡民根据自身喜好塑造出来的陪祀神则占据了土地庙的正神地位。相较而言，威严的大帝、威武的将军、医技特出的仙姑们更能满足民间信仰的需求。

　　陈垂成在《泉州旧城铺境稽略》一书中，以乾隆二十八年的《泉州府志》为依据，对泉州城区的 4 隅 36 铺 94 境的界域今属、境庙、祭祀神等进行了详细勘察，并对泉州其他辖县"铺境"的设置、"铺境"与普度习俗的关系等进行了阐述。陈垂成还提出，明清时期的"铺境"与宋元时期的"里坊"之间存在空间的传承关系。[3]

　　顾颉刚探讨的是祭祀活动的"社"，是民间信仰下的神圣空间；陈垂成研究的

---

①　顾颉刚：《泉州的土地神》，《厦门大学国学研究院周刊》1927 年第 1 期。

②　顾颉刚：《泉州的土地神》，《厦门大学国学研究院周刊》1927 年第 1 期。

③　陈垂成、林胜利编著：《泉州旧城铺境稽略》，泉州印刷厂，1990。

"境"是世俗居住环境的"里"。"里必立社"作为一种国家制度，形成了最早的社区形式——里社。[1]"境"兼具里社的居住地域与祭祀活动两种意涵，有学者由此提出"境"即指社、庙，或其管辖的范围，[2]"社与庙是构成境的必要条件"。[3] 学界有一种观点认为，明代后期，官方性质的里社制度逐渐瓦解，被民间"社会"与"境"概念下的民间信仰所取代。陈金亮据镌于泉州晋江草庵摩尼光佛摩崖造像右上角的崖刻"兴化路丽山境姚兴祖，奉舍石室一完"，推断出"境"在明朝以前就已经出现。[4]

学界虽然对境庙的起源尚未形成统一认识，但对境庙和里社的渊源关系是持肯定态度的。无论是在城市的聚落，还是在乡镇、村落的聚落，各"境"必有境庙。境庙在聚落中，通过街巷和社区单元来界定相应的空间区划范围。

第二节　灾患事件下的境庙形成和构筑的社会空间

王振忠在《近600年来自然灾害与福州社会》一书中，从自然灾害与民间信仰的关系出发，提出明清以来，自然灾害的频繁发生是导致福州民间信仰趋增的重要原因，并且提出福州地区的社、"境"等可能会导致民间信仰组织的增加。[5] 境庙对周边聚落民众形成"信仰圈"具有决定性的作用，尤其是那些民间认为"神力灵验"的境庙，产生的聚集效应更为明显。

有学者认为，在福州地区的信仰体系中，"境"不仅可指社、庙，也可指某一社、庙管辖的范围。"境"、社、庙都是以共同信仰和祭祀为特征的地方乡里组织，都具有组织迎神赛会、求签问卜等功能。[6]《八闽通志·祠庙》收录的一百多位民间俗神中，主要职能是祈雨、祈阳、祈风涛、驱疫疠的神灵就有六十九位。可见，在科学技术落后的古代，以神明为神圣核心的境庙是被当地民众创造出来守护地方平安的核心力量。王振忠根据信仰主神不同的"神职"，将宁德地区各"境"供奉的

① 陈力：《铺境空间——中国传统城市居住社区的孑遗》，《建筑师》2011年第3期。
② 王振忠：《近600年来自然灾害与福州社会》，福建人民出版社，1996，第190页。
③ 郑振满：《神庙祭典与社区发展模式——莆田江口平原的例证》，《史林》1995年第1期。
④ 陈金亮：《境、境庙与闽东南民间社会》，硕士学位论文，福建师范大学，2006，第14页。
⑤ 王振忠：《近600年来自然灾害与福州社会》，福建人民出版社，1996，第200页。
⑥ 余清良：《明代"铺""境""社"含义考辨——以福建地区为例》，载赵轶峰、万明主编：《世界大变迁视角下的明代中国——国际学术研讨会论文集》，吉林人民出版社，2012，第478页。

境主神的分布规律总结如下：供奉"山中猴王"齐天大圣的"境"多在山区的村落；滨水地区多以妈祖为境主神；由血缘关系构成的"境"多供奉临水夫人陈靖姑；多姓人口构成的"境"多供奉当地的"土主"。如宁德县城许多"境"的祭祀主神都是土主黄岳。

第三节　境庙对聚落社区空间的分化与整合

郑振满从境庙祭典仪式的视角，探讨了祭典与社区发展的关系。他在《神庙祭典与社区发展模式——莆田江口平原的例证》一文中系统考察了莆田江口平原的神庙系统和祭典组织，提出"祭祀圈"的社区发展理论。他在考察明清时期莆田江口平原的里社向村庙演变的过程时指出，凡属社、庙并存的村落称为"境"，意指某一社、庙的管辖范围，也就是绕境巡游的"境"。"社"与"庙"都是构成"境"的必要条件，只有已经建庙立社的聚落才可以举行独立的绕境巡游仪式。有庙无社或有社无庙，都不成其为一"境"。[①] 在"境"形成的过程中，"社"的创立具有决定性的意义。江口平原历史上曾有五座"祖社"，这些祖社后来逐渐演变为"杂祀他神"的"祖庙"，江口民间称之为"七境总宫"。以"七境总宫"为中心，形成名为"七境"的五个大村落，即江口七境、石庭七境、沟上七境、丰集七境和尧山七境。郑振满提出，境庙及其仪式具有整合不同社区的功能，即公共的仪式行为将零散的物质空间统一为共同的社会空间。

第四节　以社会结构关系为基础的聚落境域单元划分

聚族而居的生活意识形态和劳动分工下的产业族群聚合形成的社会结构关系，是境域形成的另一重要原因。林国平在《福建民间信仰》一书中指出，福建地处丘陵地带，自古以来交通不便，东汉后期入闽避乱的各地民众在此聚居之后，形成彼此之间相对隔绝的、以宗族为群体的生活形态。[②] 早期福建的移民村落往往是由单一的家族组成的，家族与后来的"境"、社的区划范围是一致的。每一村落、街道

---

① 郑振满：《神庙祭典与社区发展模式——莆田江口平原的例证》，《史林》1995 年第 1 期。

② 林国平、彭文宇：《福建民间信仰》，福建人民出版社，1993，第 38 页。

都奉祀一个或若干个特定的神。一般情况下，一"境"有一小庙，也有几个"境"合建一座境主神庙的情况。福建地区有相当一部分的境主庙、社庙兼作家族祠庙。张小军在《阳村的境社与宗族：一个文化场的观点》①一文中，通过福建阳村境社体系的个案研究，探讨了明清时期阳村境社的演变过程以及宗族的整合模式。张小军认为，早期境庙的民间信仰或宗教体系是非宗族的，是以社群关系为认同基础的。明代，境庙有两次与国家正统相联系的整合：一次是明初期融入国家的里甲和社祭体系；二是明中期前后开始融入宗族，成为宗族认同和保佑的信仰体系。宗族与境社的融合是一个双向的过程，一方面，明代，在宗族制度庶民化的过程中，宗族从境社的祭祀体系中寻找合法性资源而与境社结合；另一方面，里甲制度衰退后，境庙体系依赖宗族而部分延续下来。此外，张小军在《乡土中国：蓝田》一书中，进一步叙述了乡村宗族社会结构下的民间自治体系。②

以社会关系整合分散的单个聚落，形成整体社会关系及其聚落空间形态的例子，在福建地区有很多。例如，福州市罗源县西郊的"程洋境""长弯境""施灞境""西竹境""延洋境""洪洋境""寿桥境"七境以制茶产业为纽带，整合为业缘之下聚落的社会共同体，茶产品则以"七境绿"为名。

第五节　境域的社区空间形态

一、泉州古城

林志森在《基于社区再造的仪式空间研究》一文中，从"境"内的境庙及其所属街巷的结构出发，探讨"境"内的建筑群所营造的仪式空间的层级关系。③ 林志森系统考察泉州古城三十六铺、七十二境的境庙建筑后，发现这些建筑往往处于"丁"字路口，既在庙前形成较为开阔的空间，又增强了空间的精神防卫性。例如，泉州慈济铺"通津境"（俗称"三堡"）位于通津门（俗称"水门"）外，境庙通津宫位于通津门城壕的桥梁之上，庙前是一个"T"字形的空间。紧挨着"通津

---

① 陈金亮：《境、境庙与闽东南民间社会》，硕士学位论文，福建师范大学，2006。
② 张小军、李玉祥：《蓝田》，生活·读书·新知三联书店，2004，第136—138页。
③ 林志森、张玉坤：《基于社区再造的仪式空间研究》，《建筑学报》2011年第2期。

境"的是"永潮境"（俗称"四堡"），境庙永潮宫位于四堡街中段拐角处，铺庙位于四堡街之冲。在聚落内部，道路的交叉处与转折处是仪式空间的重要节点，常在"丁"字路口或支路的对冲处设置神庙、石敢当、风狮爷等，作为聚落内部结构转换的标志。这些建筑空间的营造，是城市整体环境与地缘性社区之间的空间结构转换。

林志森在《泉州传统城市社区形态分析及其启示》一文中，考察了泉州城市内部空间的历史演变过程，提出"境"与里坊制度在空间体系上存在传承关系。西周以后，泉州城邑内部逐渐形成里坊制度，并在各个朝代的更迭中不断发展、变迁。唐宋之际，里坊制度由于无法适应经济发展的需要而被打破。明清时期，由坊、街、巷组合而成的城市地域空间仍旧保持着古时的样态。泉州境铺空间是一个以祭祀空间为精神核心，以共同的神明信仰为依托，以街巷为骨架的层级空间单元。借助"公共庙宇—街巷—厝埕—宅院"层层深入的空间层级，铺境社区实现了空间由公共性向私密性的分级渐变。这种从外到内、由公共—半公共—半私密—私密的层层过渡，构成了城市各社区单位的建筑空间结构。[①]

陈力在《铺境空间——中国传统城市居住社区的孑遗》一文中，从乡里制→隅坊·都图制→铺境制的社会制度变迁的视角，展现了泉州古城"隅→图→铺→境"的层级结构。[②]

二、安海古镇

安海古称湾海、安平、石井、鸿江、泉安，位于福建省晋江市西南部，与金门岛隔海相望。宋代，安海以坊为社区行政单位，当时有员通、聚奎、水陆、昼锦、进德、积庆、拱北、应奎八坊。明代，设拱北、桥东、桥西、朝通四铺。明中期以后，由于人丁兴旺，镇区扩大，出现了以"境"命名的社区单位，各境都建有宫庙，奉祀境主公。安海镇依据聚落地理条件，结合渔、耕、商等社会分工，逐渐形成"九围十八埔二十四境"。（见表3-1）

---

① 林志森、张玉坤、陈力：《泉州传统城市社区形态分析及其启示》，《天津大学学报（社会科学版）》2011年第4期。

② 陈力：《铺境空间——中国传统城市居住社区的孑遗》，《建筑师》2011年第3期。

表 3-1 安海古镇"九围十八埔二十四境"

九围	1. 面干围，在高厝围中部 2. 沈厝围，鸿志崎巩溪口南侧 3. 花围，三公境东部 4. 五鸡围，三公境中部 5. 金厝围，即丁厝围，玄坛官东部 6. 豆生围，明义境中部 7. 史厝围，甘蔗巷西端 8. 橄榄围，通天巷中部 9. 后围，龚厝埕通西河境大巷之间
十八埔	1. 桥尾埔，水心亭下，西桥头 2. 赤土埔，鸿志崎东侧金厝小宗口 3. 后库埔，后库村前 4. 下墟埔，下墟巷南端 5. 许厝埔，三公境西南边 6. 驴驼埔，许厝埔北侧，协兴陈后 7. 墩仔埔，三公境东侧，海八路边 8. 圣殿埔，圣殿口 9. 顶墟埔，圣殿后，长源巷对面 10. 寨埔，圣殿东侧 11. 大草铺，杉行口后面 12. 小宗埔，高宗祠西侧，旧鸿江戏院址 13. 蜘蛛埔，永高山西侧 14 西河境埔，西河境南端与西宫交界处 15. 宝斗埔，上帝宫东侧，西隅小学后面 16. 衙门口埔，朱祠口 17. 三辅埔，大仕官口 18. 牛墟埔，寮仔口西侧

续表

二十四境	1. 仁福宫，号称第一境，自白塔脚至石狮巷
	2. 朝天境，称妈祖宫，海墘一带
	3. 皇恩境，即黄墩村
	4. 鳌山境，即后库村
	5. 晋德境，即高厝围
	6. 仁寿境，楼仔后至底街一带
	7. 三公境，打铁巷茂源埕上至霁云境南端
	8. 霁云境，即圣殿，街中自字纸炉脚起，北至长源巷，东至寨埔
	9. 明义境，杉行口上至路霞一带
	10. 镇西境，称西宫，自大草埔西侧上至西河境上帝宫交界
	11. 西河境，自水关口上至宝斗埔西端，包括大巷两侧
	12. 当兴境，称上帝宫，自杨厝坊上至新拱北境南端
	13. 鳌头境，馆口巷至朱祠口一带，包括通天巷上端
	14. 三辅境，称大仕宫，衙门口埔南端一带
	15. 新拱北境，称新街，三辅境西侧至靖西境界
	16. 萃福境，新拱北境北端
	17. 源泉境，下坂坑一带
	18. 西畴境，即西安村
	19. 忠义境，称关帝宫，自石狮巷东向上至甘蔗巷，东至贤佐坊一带
	20. 咸德境，自甘蔗巷上至下墟巷旧鳌美塔一带
	21. 城隍宫，自下墟巷北至粟仓巷
	22. 旧拱北境，即玄坛宫，自粟仓巷北至字纸炉脚，包括街后两侧
	23. 兴胜境，自长源巷北至寮仔口
	24. 尚贤境，即型厝村，自寮仔口北至龙山寺

根据安海乡土史料编辑委员会的调查可知，安海镇至今仍在沿用"围""埔""境"等地名。[1]"围"是某个宗族聚集的角落，多以姓氏命名，如金厝围、沈厝围、史厝围等。"埔"指不同人群聚居的空地，"埔"内的人群多是非血缘关系，或是从事相同的行业。"境"以位于各街巷路口的挡境庙命名，"境"内人群具有共同信仰。从 1919 年安海城区地形图来看，"围""埔""境"在空间领域存在重叠，三者在一定范围内覆盖了不同社会族群并成立有组织机构，且形成具有社会向心力的空间。自然环境、产业结构不仅对聚落空间产生了较大的影响，同时与居住区划和"境"一起构成了乡镇的聚落形态，形成"围""埔""境""巷"的聚落空间格局。

---

[1] 安海乡土史料丛刊编辑委员会编：《安海乡土史料丛刊（第二辑）》，中国文联出版社，2002。

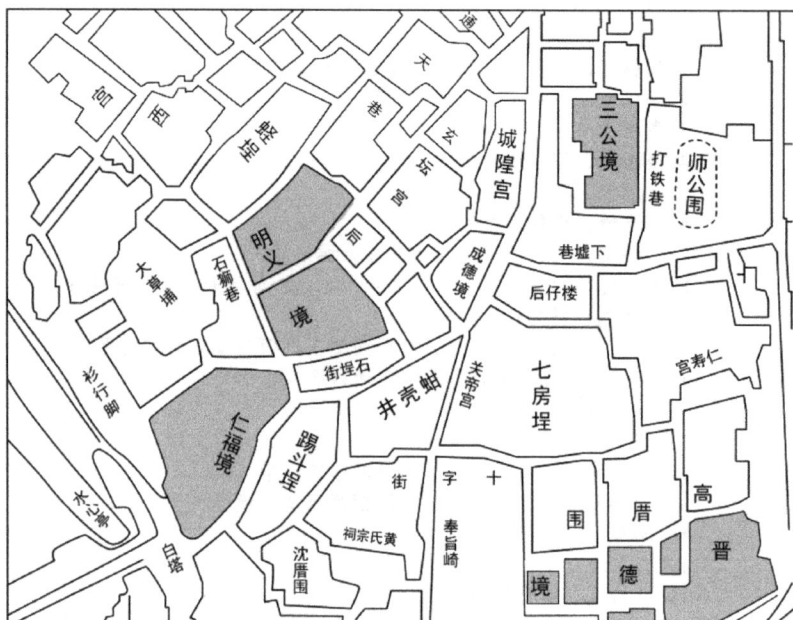

图 3-4 安海城区 1919 年地形图（部分）[①]

"围""埔""境"三种聚落空间区划单位之间是以街巷来划分的，各空间区划单位之间都有具有防御功能的"隘门"。"隘门"是"旧时群众为了防贼防乱，在村子或巷口设置的门"。[②] 关于安海隘门的最早记载，出现在明代王慎中的《尊岩集·安平镇新建四隘门》中。其文曰："门成又为民画所以联保伍，科丁壮，训村勇，而备戎器以防盗。"隘门是聚落内社区单元的门户，在闽南地区的传统聚落中较为常见，目前尚存 50 余座隘门。安海镇区的隘门大致分为家族隘门、境域隘门、巷道隘门和私宅隘门四类。"家族隘门"是指有血缘关系的宗族群体聚族而居时，将隘门设于区域的外沿，区域内的各家可不闭门户，通常由成年男丁负责看家护院。由于各家庭之间是同宗关系且社会关系紧密，在相对封闭空间内形成了具有开放性的空间。"境域隘门"是各境域单元进出的门户。境域内的社会关系比较复杂，按照血缘关系，可分为大姓、多姓、杂姓等，联防力量也来自不同的家族和家庭。

① 安海乡土史料丛刊编辑委员会编：《安海乡土史料丛刊（第二辑）》，中国文联出版社，2002，第 2 页。

② 厦门大学中国语言文学研究所汉语方言研究室主编：《普通话闽南方言词典》，福建人民出版社，1982，第 4 页。

一些人口数量较多的家族还设有私宅隘门，私宅隘门多设在建筑与街巷的交接处，也有一些设在若干座房屋的外围或防火巷口。如兴胜境的"郑时雨巷"原为公巷，郑家在巷两侧均建有房屋，为了生命财产的安全，郑家在巷两头建有两道隘门，白天打开隘门让民众通行，夜间或非常时期则关闭起来。巷道隘门设于巷道中，形成一道族群之间的防御圈。如西宫和西河境交接处等巷口都有一道隘门。在空间狭小的巷弄设置隘门，可以达到"一夫当关，万夫莫开"的效果。巷道隘门与家族隘门、境域隘门、私宅隘门一起，形成联合防御体系。

由自然环境、产业、宗亲、信仰等因素形成的零散居住区块，在仪式的举行下，形成了一个空间的逻辑整体。由安海镇流传的《普度民谣》可知，安海全镇所有"境"在30余日内轮流举行普度仪式，形成了仪式时间下的空间逻辑。台湾鹿港也有相似的空间仪式现象。根据柯朝硕的研究，两地的普度仪式不仅时间相似，都是从七月初一到八月初三，而且歌词的表现形式、街坊地名也有相同之处，体现了两地空间文化的共性。

安海《普度民谣》曰："初一起路灯，初二明义境，初三西宫，初四仁福宫，初五咸德境，初六兴胜境，初七七娘生，初八高厝围，初九桥里（以及黄墩），初十西安，十一鳌头境，十二西河境，十三龟湖，十四无人普，十五做节（七月半），十六倒了鳣，十七玄坛宫，十八坑岬，十九型厝，二十上帝宫，廿一圣殿，廿二史厝围，廿三三公境（以及大士宫），廿四关帝宫，廿五新街（以及厚底街），廿六后库（以及妈祖宫），廿七永高山，廿八观音殿，廿九大埕头（王厝），（八月）初一小宗埔，初二团仔普，初三乞食营。"

台湾鹿港《普度民谣》曰："初一放水灯，初二普王宫，初三米市街，初四文武庙，初五城隍庙，初六普土城，初七七娘妈生，初八新宫边，初九兴化妈祖宫口，初十普港底，十一普菜园，十二龙山寺，十三普衙门，十四饿鬼埕，十五普旧宫，十六普东石，十七普郭厝，十八营盘地，十九杉行街，二十后寮仔，廿一后车路，廿二船仔头，廿三普街尾，廿四普宫后，廿五许厝埔，廿六牛墟头，廿七安平镇，廿八濠仔寮，廿九泉州街，月尾通港普（龟粿店），（八月）初一米粉寮，初二乞食寮，初三乞食是食无肴。"

三、福全古城

福全古城位于福建省晋江市金井镇福全村，北距泉州 40 公里，东临台湾海峡，北接深沪镇，南连围头湾，是晋江市唯一一座具有 600 多年历史的、保存相对完整的古城。唐光启年间，林廷甲来福全戍守。宋代，福全成为我国东南沿海的一大商贸港。据《海防考》记载："福全西接深沪与围头，峰上诸处并为番舶停泊避风之门户，哨守最要。"[①]14 世纪，日本施行的海禁政策让日本进入了南北朝分裂的局面，在混战中失败的武士流为浪人，与海商勾结，在我国东南沿海地区从事走私抢劫，甚至攻击陆地上的城市、乡村聚落。据《泉州市志》记载："洪武廿年，明廷命江夏侯周德兴到福建沿海福、兴、漳、泉四府经略海防。民户抽三丁之一充戍兵防倭，移置卫所当要害处，改永宁寨为永宁卫，于浯洲置金门守御千户所。另筑峰上、田浦、官澳、陈坑、烈屿、祥芝等处巡检司，屯兵驻守以备倭寇。至洪武三十一年，在泉州增设永宁卫、福全、崇武、中左、金门、高浦五守御千户所。"可知，福建地区建有镇东、福宁、平海、镇海、永宁五处卫所，大金、定海、梅花、万安、莆禧、崇武、福全、金门、高浦、六鳌、铜山、玄钟十二个千户所。 根据《福全古城》记载，福全所城修筑后，为了生命和财产的安全，城外十三个小乡搬迁入城内居住，当地至今流传有"十三乡入城"的传说。旧时，福全古城是一个"铺"的建制，村有城墙，墙内区域被划分为十三个境[②]（见图 3-5）。这十三个"境"分别为育和境、迎恩境、泰福境、东山境、游山境、文宣境、英济境、定海境、威雅境、嵋山境、镇海境、宝月境和陈寮境。十三个"境"之间彼此独立，每个"境"都建有各自的境庙，境庙内供奉各自的境主神。一般而言，境庙多位于街巷交界之处（见图 3-6）。但是，也有一些"境"的境庙位于境域的边界。如英济境、定海境的境庙就建在道路的起点位置（见图 3-7）。

---

① [清] 顾祖禹：《读史方舆纪要》卷九十九，上海古籍出版社，2002，第 183 页。
② 许瑞安编著：《福全古城》，中央文献出版社，2006。

图 3-5 福全村十三境分布图 [①]

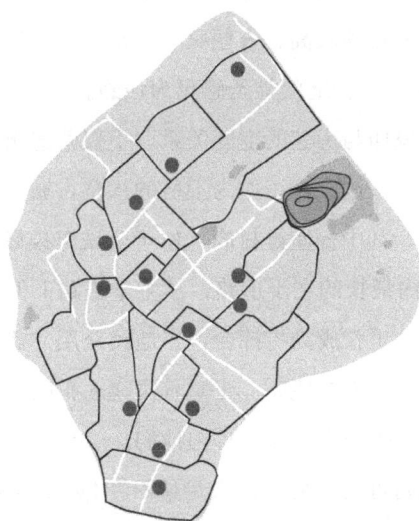

图 3-6 福全村境庙、道路、境域肌理关系图 [②]

---

① 本研究绘制。

② 缪远绘制。

图 3-7 英济境境庙朱王府与街区图底关系图[①]

　　境庙设于主要道路的交界处，主要出于以下考量：1. 境庙位于主要道路的节点，可在境庙前形成开阔的空间，方便民众节庆时举行仪式活动；2. 境庙位于街区边界的公共位置上，通达性较高，方便民众日常祭拜；3. 境庙位于道路路口，特别是"T"字路口的中央，所营造的神圣感更为强烈。

　　境庙的位置以及境庙与街巷的空间关系，不仅营造出神圣空间的氛围，也增强了民众的心理防护能力，这点对于作为卫所的福全古城尤为重要。例如，福全古城共有两座武圣关公庙，其中一座是村庙，位于全城海拔最高的元龙山山顶[②]（见图3-8），宫庙正对着城内最长的主干道路，从主干道路上仰视宫庙时，宫庙显得特别神圣。倭寇入侵时，这里就成为指挥台，当地民众用"武圣精神"来鼓舞斗志。另一座武圣夫子庙则是定海境的境庙，正对着倭寇来犯的方向。当地民众认为，当他们与倭寇战斗时，武圣关公会在身后护佑他们。

　　旧时，古城北门附近有一处"仙人足迹石"（见图3-9），城东北角有东西两座风水塔（见图3-10）。当地民众认为，这两座风水塔可以削弱东北季风的不利影响。

---

　　① 缪远绘制。
　　② 据元龙山摩崖石刻记载，元龙山是全城制高点，远可眺望东海，近可观察城内外，据说曾是明代抗倭的指挥台。

仙人足迹石、风水塔等"显圣物"增加了"境"空间的神圣感。可见,"显圣物"赋予世俗空间以神圣属性,使世俗空间变成了神圣空间。一般而言,显圣物都处于聚落中重要的空间节点或是特殊的地理方位。

综上所述,境以境庙为神圣空间的核心,以"境"内"曲小"的巷弄为骨架,以"境"外沿的"通直"街道为框架,^①形成物质环境中的神圣空间。境庙与街巷所营造的神圣空间的氛围,使得聚落社区具有了仪式感。

图 3-8 福全村村庙武圣庙 ^②

---

① 《安平县志》对"街""巷"的描述是,"通直为街,曲小为巷"。
② 本研究摄于 2013 年 12 月。

图 3-9 福全村“仙人足迹石”①

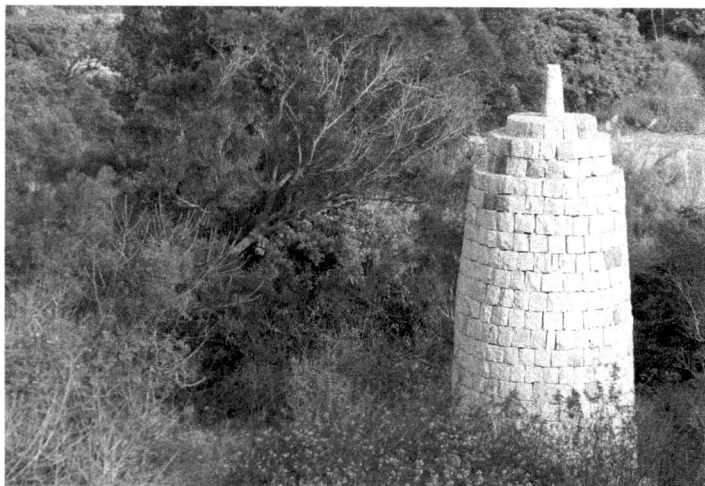

图 3-10 福全村风水塔②

四、桂林古村

据明万历四十四年刊刻的《福宁州志》“街巷”篇记载，州城霞浦分为三十六境：“州城七街一十七巷。自州以东曰东街，有东井、池家、尹家三巷，凡境十：曰龙波，曰闽东，曰后善，曰古池，曰石泉，曰集贤，曰高莲，曰遵善，曰儒林；自州以西曰西街，有钱塘、利埋、孙家、茶亭四巷，凡境十：曰万安，曰金波东，曰金波西，曰钱塘中，曰钱塘西，曰乘驯东，曰乘驯西，曰乘驯边，曰德贵，曰朝天下；州以南曰南街，有兴贤、五显二巷，凡境六：曰政平，曰钱塘后，曰钱塘边，曰莲池上，曰莲池中，曰莲池下；州以北曰北街，有仓米、朝天二巷，凡境六：曰朝天门，曰朝天井，曰朝天西，曰朝天边，曰乘胭后；西门新城街有德星、六禅、藏后、东巷、西巷、涵口六巷，凡境二：曰东隅，曰西隅；东门外街凡境一：曰信义；南门外街凡境一：曰南洋。”

据明嘉靖十七年刊刻的《宁德县志》记载：“（宁德）一都四图，俱在县城，城内有五街十境，日东街，有金鳌、福山、鸾江三境；曰南街，有鹏程一境；曰中

① 本研究摄于 2013 年 12 月。

② 本研究摄于 2013 年 12 月。

街，有成德、龙首二境；曰西街，有鹤峰、西山二境；曰北街，有凤池、朝天二境。"与州城霞浦相比，宁德县城的"境"空间结构更为清晰。

据明万历二十五年刊刻的《福安县志》记载："（福安）城中八街：县前南街、学前南街、东街、西街、北街、后巷街、鹿斗街、湖边街。城中八境：金山境、城南境、玉斗境、宾贤境、东门境、中华境、锦屏境、上杭境。"由此推断，明代后期，福安县城内的八条主要街道均与八"境"相连（见图 3-11）。如今，福安城区内已经没有境庙等与"境"有关的现象了，但福安城外的穆阳镇桂林村仍遗存有"境"与主要街道相连的空间现象。1949 年以前，桂林村由樟林境、南路境、长春境、华光境、福源境、桥南境六"境"组成，六"境"村民为同一开基祖王氏的不同房份后裔。1949 年以后，当地政府设街，并以六"境"的名称来命名六条主要街道。如用南路境（见图 3-12 左）的名称来命名南路街（见图 3-12 右）。旧时的福州也有此类现象："旧时福州每个街道谓之'境'，每境均供有地方神大王爷。"①福安县和福州市呈现了"街＝境"的聚落空间形态。

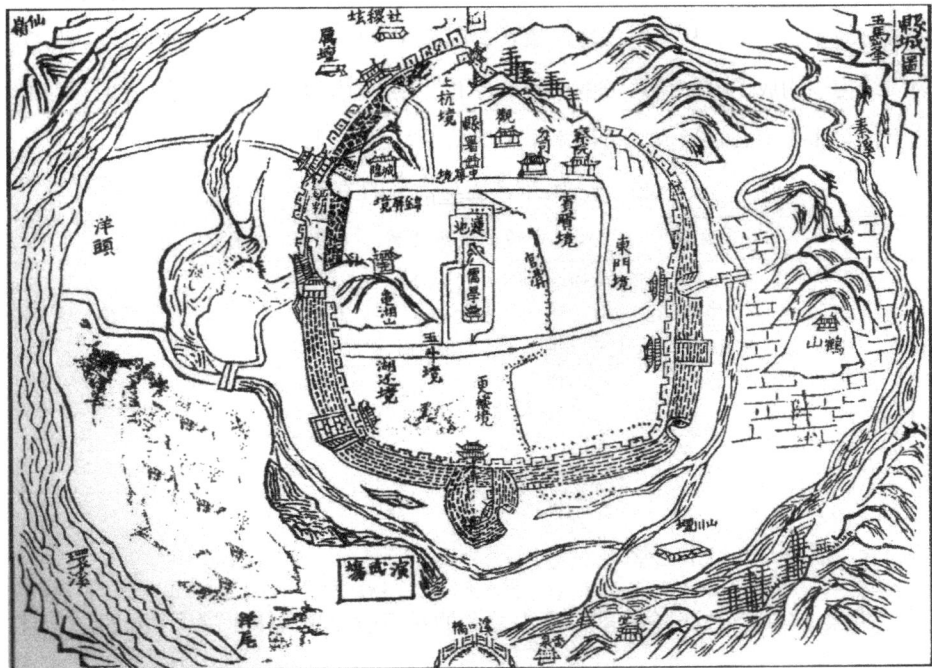

---

① 福州鼓楼区民间文学三集成委员会编印：《中国谚语集成·福建卷·福州市鼓楼区分卷》，1989。

图 3-11 福安县城"八境"分布图 ①

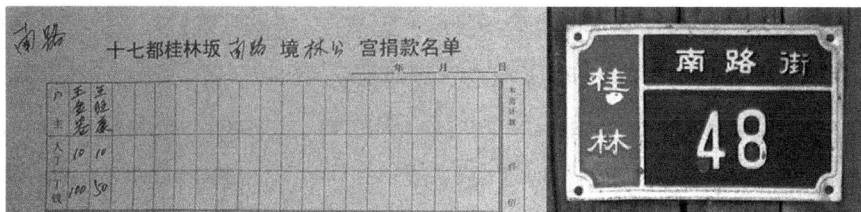

图 3-12"南路境"林公宫捐款名单（图左），"南路街"门牌（图右） ②

历史上，闽东地区的境与街、巷存在三种层级关系：1. 街→巷→境；2. 街→境→巷；3. 街（巷）＝境（见表 3-2）。街巷是线性空间，虽然在体量上和"境"的面型空间不具备可比性，但从彼此包含的结构来看，二者仍可视为具有层级关系，共同形成了城市的空间构架。地方志中的"境"，基本上都是介于街与巷之间的城市空间层级。境庙、街巷、社区等实质环境所呈现的"境"的物质空间，也是聚落空间形态的主要表征。从单个"境"来看，以境庙为中心，以街、巷所形成的街区为物质结构，构成了城市聚落的物质空间单位。从多个"境"来看，各"境"以相同的上位总庙为中心，形成"信仰圈"下聚落的社会空间。

表 3-2 闽东各境与街区的关系 ③

地区	城市	街巷与境的层级关系	城市空间构成
福建	霞浦	街→巷→境（旧城） 街→境→巷（新城） 街＝境（城外）	五街、十七巷、三十四境
	宁德	街→境	五街、十境
	福安	街＝境	八街、八境
	福州	街＝境	一街巷一境

五、福州"九案十三堂"

"九案十三堂"是现今福州市区内著名的村庙信仰联合体。"案"指的是单个村

---

① ［明］陆以载修纂：《福安县志》，厦门大学出版社，2009。

② 本研究摄于 2018 年 1 月。

③ 本研究调查整理。

落，或由多个村落组建的联合体；"堂"指的是村庙，也就是境庙。旧时，福州城外有十三个村，现有一府十三堂，十四座宫庙，分属十三村。由于城市建设，城外的十三个村如今都位于市区的住宅小区之内。九案泰山府主祭东岳泰山大帝手下的两大元帅——温琼和康席，各分堂则以温琼和康席的部将为主神或配祭神。温琼和康席根据每年度的问杯（相当于抽签）情况，移居各分堂，十三分堂则组合成"九案"，来参加每年度的投杯仪式与温、康二神的绕巡境活动。这就是"九案十三堂"名称的来历。

"九案泰山"信仰形成于唐贞观元年（627），发展于宋代中期。相传，北宋徽宗宣和六年（1124），福州一位林姓举人赴京应试，途经山东夜宿客栈时，梦见二神告诉自己，因自己功德不足而无缘当年的科举考试，不若去泰山一游，祈求日后仕途通达。第二天，他登泰山，入岱庙后，竟然见到梦中的两尊神像。他虔诚跪拜后，请画师画二神宝像带回福州，供奉在福州东岳泰山庙。

旧时福州城外的十三个村，分别是涵头村、斗池村、河上村、河下村、浦东村、浦西村、太平山、双浦头、山仔里、西营里、西洋村、教场坂以及洋炳村（见表3-3）。十三个村的村庙分别为涵头堂、斗池堂、河上救生堂、河下堂、浦东堂、浦西福寿堂、太平堂、双浦头协心堂、山仔里堂、西营长生堂、西洋积善堂（见图3-13左）、教场坂堂和洋炳同心堂（见图3-13右）。

图 3-13 九案十三堂之西洋案积善堂（图左）
九案十三堂之洋柄案同心堂通灵境（图右）①

---

① 本研究摄于 2018 年 12 月。

表 3-3 "九案十三堂" 案、堂（境）对照表 [①]

"九案" 名称	"十三堂（境）" 名称
太平山案	由太平堂（总堂）、山仔里堂、双浦头协心堂三堂组成
浦东案	浦东堂（浦东境）
浦西案	福寿堂（浦西境）
洋炳案	同心堂（通灵境）
河上案	由河上救生堂、下河上堂组成
教场坂案	教场坂堂（教场坂）
西营案	长生堂
西洋案	积善堂（上洋境）
斗池案	由斗池堂、涵头堂组成

十三村共同奉祀温、康二神为主神，与明清时期，当地爆发的一场大规模瘟疫有关。当时，唯有分香供奉温、康二神的太平山村受灾程度较轻，十三村便联合起来，以太平山的村庙——太平堂为总堂，共同供奉二神。十三村之间以共同信奉的民间神灵为纽带，形成一个共同社会行为下的聚落共同体。境主神所在的境庙，既是九案十三堂的信仰中心，也是十三村形成"信仰圈"的精神核心。在东岳泰山信仰体系下，十三座村庙形成信仰共同体，也就是福州市区内的村庙信仰联合体。在城市化的发展进程中，"九案十三堂"依然保持着鲜活的生命力。九案泰山府作为十三堂的总堂，不仅是十三村村民的信仰中心，还是统筹管理十三堂的管理机构，其对村落社会的整合程度要高于作为社区庙的境庙。因此，不同层级的境庙不仅形塑了聚落空间形态的差异，也形成了差异化的社会空间。

（一）太平山案 太平堂（总堂）

1. 宫观概况

太平堂与山仔里堂、双浦头协心堂统称为"太平山案"。太平堂是十三堂的总堂，位于太平村的弄堂里，属台江区义洲街道太平社区。该堂重建于 19 世纪初期，占地面积 200 多平方米，建筑面积 150 平方米。

2. 供奉神明

该堂供有"康三世子""注寿司""程尊王""马夫人""许真君法主"五尊金

① 本研究调查整理。

身，左后堂供有"方大奶"一尊金身，左前堂供有"七爷"一尊金身和五部兵马香案，右前堂供有"八爷""蔡伯""保长公""神童"四尊香案。大门门楣上方写着"九案泰山府"。

3. 仪式活动

每年农历九月初一日至十一日是温、康二都统所在的堂——"旧案"巡游十三乡以及各乡堂神明互游互拜的时间，这种仪式在台湾地区称之为"建醮"。农历九月十二日下午问杯落案，九月十三晚落"行台"，九月十四日开始新案巡游。九月十四日傍晚，主路口设酒宴九桌以迎接九案泰山。

每年农历七月十三日是"康三世子"神诞日，众弟子捐款捐物举办庆典，众香客烧香纸、燃香烛、放鞭炮，拜神祈福。太平堂供奉之神明的神诞日如下：①方大奶：正月十五；②福德正神：二月初二；③程尊王：二月十八；④温都统：五月初五；⑤马夫人：六月初十；⑥康三世子：七月二十三；⑦许真君：八月初一；⑧康都统：九月初九；⑨注寿司：九月十三。

（二）太平山案 山仔里堂

1. 宫观概况

山仔里堂与太平堂、双浦头协心堂统称为"太平山案"。阴阳专案堂是山仔里堂的主堂，其下有四大分堂：同心堂、如意堂、积善增寿堂、同意福寿堂。这四大分堂分别设立在四户人家家中。据庙堂理事介绍，这四堂是依距离而划分的，分别位于四个方位。

2. 供奉神明

温、康二神，十二公曹（"周七爷""牛爷""双南""金爷""吕大将""郑大将""史八爷""马爷""单角""银爷""谢大将""马大将"）。

（三）太平山案 双浦头协心堂

1. 宫观概况

双浦头协心堂与山仔里堂、太平堂统称为"太平山案"。双浦堂重建于20世纪90年代后期，为土木砖混合结构，占地100多平方米，建筑面积50平方米，建筑高度3.8米。

2. 供奉神明

主祭何总管。何总管是温、康二都统的忠实部将，曾随温、康二都统出生入死，并在瘟疫期间协助温、康二都统救治百姓。何总管的右边是双浦堂第二主神范总管。何总管的前方及右前方共有六位陪祀神，上从上到下依次写着"九案泰山驾前六曹司"。六曹司帽子的颜色依次是黑、白、绿、红、白、黑。

（四）浦东案 浦东堂

1. 宫观概况

浦东案浦东堂位于台江区义洲街道浦东村，占地面积约 1200 平方米，建筑面积约 1000 平方米。庙宇始建于宋朝中期，明洪武年间、嘉靖年间曾分别重修。庙前原有四棵千年古樟树，直径达到 2 米。殿前楹联曰："施龙一剑传真法，杨道三河齐众安。"1989 年，择浦东吉地重建宫庙，建正殿，宫庙大门上书"浦东境"。

2. 供奉神明

大厅正中供奉天齐仁圣大帝、正宫娘娘、东宫娘娘、西宫娘娘；左边部分供奉周范大王及其两位夫人；右边部分供奉镜神、镇西大元帅。左侧墙壁画金将军、陈将军，右侧墙壁画曹将军、谭将军、郁将军、马夫神童。横案桌前坐着九案泰山护驾大将军，阴阳按察使，注寿司各一尊。

内厅两旁设两个堂，左堂供奉临水陈太后，墙壁画有三十六婆母，临水陈太后每年农历正月十一日巡游；右堂供奉九案泰山，墙壁画着生死簿与阎王爷的随从，九案泰山每年农历九月巡游。

大殿左边的小庙正中供奉玄天上帝，玄天上帝身着龙袍，左脚踩龟，右脚踩蛇，手握龙泉宝剑，剑尖朝下，剑身绕着蛇。玄天上帝左边供奉张圣真君，右边供奉齐天大圣。大殿右边的小庙供奉屏山镇海楼金、何、柳三位夫人。

（五）浦西案 福寿堂（宫）

1. 宫观概况

浦西案福寿堂位于台江区宁化落浦西村河畔保兴社区，占地面积 1200 平方米，建筑面积 600 平方米。福寿堂始建于元末明初，拥有大殿、配殿、戏台、花园等，是摩尼教的重要遗址。宫庙内保存有三件刻有清朝乾隆年间的石香炉、铁元宝炉、铁香炉。

2. 供奉神明

浦西堂的主神是明教文佛，拥有自己的庆祝主神的活动方式"保童关"。明教文佛的生日是农历四月二十二，每年的这一天，当地信众就会带着家中 16 岁以下的孩童来到福寿堂，祈求文佛保护其健康成长。除文佛外，大殿还供奉有温、康二都统以及温大世子、温义世子、郑总镇等。

（六）洋柄案 同心堂

1.宫观概况

洋柄堂又名"同心堂"，位于台江区交通路中段，是洋柄村的村庙，占地面积180平方米，建筑面积336平方米。庙宇建筑体量大，主殿高达8米，副殿三层。相传，洋柄堂始建于宋太平兴国六年（982），至今已有一千多年的历史了。洋柄村位于闽江北岸的低洼处，一遇洪水泛滥就呈现一片汪洋，故又俗称"十八洋路"。

2.供奉神明

洋柄堂供奉有七尊神，主神是康大世子，其他六尊神分别是九案泰山府驾前掌按司、东一班水陆总指挥、西一班水陆总指挥、驾前按察司、驾前总政大臣和二尊孩儿弟。此外，还供奉有齐天府三尊神及本地大王、临水夫人等。

洋柄堂每年举办四次大型活动。第一次是农历七月十一日至十三日的"平安上座""包斗心""供斋"。第二次是农历九月初一日至十六日的"安神计"，其中九月十四日举行的九案泰山府十三村集体游神活动，只有堂内七尊神可以参加。第三次是农历七月廿五日的齐天大圣千秋华诞，也是村庆。当天会举办戏剧演出、大型会餐等活动。第四次是农历十一月十五日的康大世子千秋华诞，当天也有戏剧演出、会餐等活动。

（七）河上案 河上救生堂

1.宫观概况

河上救生堂与下河上堂同属于河上案。河上救生堂始建于明代，"文化大革命"时期遭到破坏，改革开放后重建，2008年因旧城改造迁至白马路。宫庙与社区居民的住宅毗邻，三开间两进悬山式结构，中间为主殿，两边为侧殿和厢房。左侧庙门正上方有一阳刻石雕，上书"敕封临水宫"。

2.供奉神明

主神董奉，是三国时期福州长乐籍名医，与华佗、张仲景并称"建安三神医"。据晋葛洪《神仙传》载："董奉者，字君异，侯官人也。奉居山，不种田，日为人治病，亦不取钱。重病愈者，使栽杏五株，轻者一株。如此数年，计得十万余株，郁然成林。"据《历世真仙体道通鉴》载，董奉精于道教内外丹道，长于神仙方术。

左偏殿配祀临水夫人陈靖姑。右偏殿配祀三尊神，居中供奉的是"本境王"，"本境王"右侧供奉的是其妻。"本境王"左侧供奉的是本境土地神。右偏殿中的配祀神皆为本地王姓居民的原始神灵。

（八）河上案 下河上堂

1. 宫观概况

下河上堂与河上救生堂同属河上案。下河上堂始建于南宋乾道六年（1170），距今已有 800 多年的历史了。宫庙原为木结构，由于年久失修，村民于 1983 年集资重建。重建后的宫庙占地 95 平方米，共 3 层，建筑面积 285 平方米。

2. 供奉神明

正中供奉注寿司、注生司，左右供奉内理事、监察司、总政、陈将军、郑将军、注生司世子及两位孩儿，后堂为临水夫人陈太后神位。

（九）教场坂案 教场坂堂

1. 宫观概况

教场坂堂始建于宋代中期，清光绪年间重建，2001 年再次重修。宫庙占地 278 平方米，由三个门廊分成内外两间。庙门右前方 100 米处搭建有临时戏台。

2. 供奉神明

教场坂堂供奉的主神是温、康二都统，副神有温、康二都统麾下主管内务的吴总管、广利侯王及其夫人、张圣真君、丹霞大圣、临水陈太后等。为了方便游神，副神被抬至外间，左右各五尊，一共十尊。村庙活动多与庙中供奉的神明有关。每年农历九月二十六日是庙中神灵的圣诞，信众会邀请剧团来演出闽剧。

（十）西营案 长生堂

1. 宫观概况

长生堂至今已有 300 多年的历史了，20 世纪 50 年代迁至今址。"文化大革命"期间遭到破坏，改革开放后重建，占地 40 平方米左右，是砖木结构的平房。

2. 供奉神明

正殿主厅供奉的是杨真人，左侧是花化仙，右侧是护驾大将军高巡河大都督。

（十一）西洋案 积善堂

1. 宫观概况

西洋积善堂始建于清道光元年（1821），今址位于台江区上海街道西洋小区内。

该庙于 2002 年重建，占地面积 400 平方米，由正殿、左副殿、右副殿及堂外的观音阁组成。

2. 供奉神明

正殿供奉有牛爷、马爷、单爷、双爷、大爷、二爷、雷总政、驱瘟大神和陈主事九尊神。右副殿是西洋上洋境，供奉的是西洋本乡的神，从右到左依次是乡娘奶、临水夫人、乡夫人、乡大王、照天君、王爷和刘仙师。

（十二）斗池案 斗池堂

1. 宫观概况

斗池堂与涵头堂同属斗池案。斗池堂位于鼓楼区洪山镇兴园社区斗池新区，在居民楼的一层和二层，占地面积 160 平方米。一楼是活动室，二楼为庙堂。庙堂分为左右两殿，供奉的神像差别很大。

2. 供奉神明

正殿供奉的是五大元帅，又称"五灵公"，从左到右依次为邓元帅、王元帅、柳元帅、何元帅和陈元帅，柳元帅立于中央。左边的配殿供有临水夫人、当地的地方神及其夫人。右边配殿供奉的三尊神之中，只有"九案泰山兵马大都督"与九案泰山十三堂有关。

（十三）斗池案 涵头堂

1. 宫观概况

涵头堂与斗池堂同属斗池案。涵头堂位于福州旧城南门外乌山脚下，为白马河与东西河的交汇处，古驿道从宫庙门前经过。庙有两座，一是涵头堂，属台江区；二是北济尊王庙，属鼓楼区。

2. 供奉神明

涵头堂供有九案泰山千岁大将军、南天照天君慈航道人、王爷、仙爷等。

福州地区的道教宫观数量在全国名列前茅。据统计，2003 年，福州市五个区内占地面积在 50 平方米以上的道教宫观约有 4500 座。其中，始建于元、明、清三代的占到 95% 以上，大部分宫庙在清康熙年间至咸丰年间（1662—1861）重建或重修。（见表 3-4）

表 3-4 福州市区以"境"为名的宫庙（部分）①

宫观名称	宫观地址
福州台江三通桥玉环境九使庙	福州台江区中亭街 H 区 4 座
福州晋安龙兴正境拿公庙	福州晋安官路村
福州晋安鼓山合浦境大王宫	福州晋安区鼓山镇洋里中下村
福州晋安五显宫与龙兴正境	福州晋安区茶园街道水头村
福州晋安新道境天君庙	福州晋安区长福路
福州市晋安区鼓山樟岚境祖庙	福州市晋安区鼓山镇樟林村
福州晋安上北境齐天府永安堂	福州市晋安区岳峰镇桃花山社区
福州台江区玉树境鲤鱼庙	福州市台江区洋中街道玉树社区居民委员会
福州台江上海院后正境	福州市台江上海街道院后村
福州台江洋中玉树境真武殿	福州市台江区洋中街道玉树新村
福州台江上海菏泽境	福州市台江区上海街道菏泽新村
福州台江凤凰正境	福州市台江区
福州鼓楼仙塔竹林境齐天府	福州市鼓楼区仙塔街小王府新村 7 座 107
福州鼓楼水部柳宅境祖庙	福州市鼓楼区水部街道省邮政大厦边
福州鼓楼水部新店福星境	福州市鼓楼区水部街道泮洋新村
福州鼓楼朱紫达善境	福州市鼓楼区朱紫坊
福州鼓楼洪山高安境齐天府	福州市鼓楼区洪山镇洪山桥小区 99 号
福州鼓楼西门后浦境	福州市鼓楼区西洪小区
福州鼓楼梅亭永安正境	福州市鼓楼区洪山镇国光村
福州鼓楼古迹车弩境	福州市鼓楼区通湖路 236 号通湖公寓
福州台江九案泰山府浦东境	福州市台江区义洲街道浦东村 76-1

---

① 本研究调查整理。

众所周知，道教是一个典型的多神信仰的宗教。在多神信仰体系下，福州许多"境"的境庙均供奉有主祀神和陪祀神。福州的道教信仰大致有以下几种类型：

一是妈祖信仰。妈祖信仰是中国沿海地区最主要的民间信仰之一，是海上丝绸之路的产物和精神支柱。

二是泰山信仰。五代后梁年间，闽王王审知在福州东门外建东岳庙，供奉东岳（泰山）大帝。

三是临水夫人信仰。临水夫人原名陈靖姑，被福建民众尊奉为妇女和儿童的保护神，信众家中也供有其神位。

四是齐天大圣信仰。齐天大圣信俗历史十分悠久，据明正德《顺昌邑志》记载，该习俗于元末明初在福建顺昌一带盛传。福州和宁德地区的山区境庙的主祀神多为齐天大圣。

五是五灵公信仰，也称"五圣"信仰。"五圣"分别指张、钟、刘、史、赵五位"里中秀才"。相传，五人赴省考试途中，发现一口井的井水有毒，便守在井口，令乡民勿汲。因乡民不听，便汲水共饮，中毒而死。乡民感其献身之精神，塑像以祭祀之。除专门供奉"五圣"的九庵十一涧外，福建地区还建有许多五灵公庙。

六是"五通神"信仰，也称"五帝"信仰，在福州台江、仓山一带较为盛行。"五通神"分别指水猴、水鸟、蛤蚌、鲈鱼、水蛙。"五通神"能行灾布病，人们敬之为五帝、五圣。

七是本地神信仰，也称"本地尊王信仰"。在福建地区，对乡里做出突出贡献、造福一方民众者去世后，会被乡民供奉起来，从而成为当地的地方神。如宁德市蕉城区金涵乡的"南京大王庙"。

"九案十三堂"作为现今福州市区内著名的村庙信仰联合体，呈现了境域社区空间形态的信仰结构特质。各传统村落则依据自然地域特征，形成了文化地理意义上的社会空间。沿海地区以妈祖信仰为主，山区以齐天大圣信仰为主。本地尊王信仰扩散至周边地区后，最终形成以地方神"土主"为核心"信仰圈"的社会空间。

第六节 民间境域单元与国家行政区划结合
形成的聚落区位空间

1. 铺境

林志森、陈力等提出，铺境制度是明清时期闽南地区泉州府实行的一套完整的城市社会空间区位分类体系，在当地民众的社会生活中扮演了重要的角色。每逢铺主、境主的神诞日，民众都会在各自的铺境内举行"镇境"仪式，通过娱神的方式来祈求"合境平安"，通过"巡境"的方式来强化铺境区域的边界。此外，铺境内的民众还要挑选一个吉日，在境庙内举行"放兵"和"收兵"仪式。"放兵"和"收兵"仪式形成一个仪式周期。年初的某一天，铺境内的各家各户都在家门口摆放食品款待兵将。傍晚时分，仪仗队伍抬着铺或境的主神神像出巡，巡游路线为境和铺的边界。在巡游的过程中，不同铺境之间的分界点都系有勘界标志物和辟邪物。年底则重复这一仪式流程，只是仪式名称为"收兵"。在泉州地区，各铺镜奉祀一个特定神祇，作为本境内的保护神，俗称境主、社公、大王等。一般建一座小庙，内置境主神，往往还有马夫、皂隶等土偶。据吴幼雄《泉州宗教文化》记载，闽南地区被称作"王爷"的神明多达 360 位，有战国的侯嬴、田单，西汉的萧望之，东汉的耿弇，东晋的温峤，唐代的朱叔裕、魏徵、狄仁杰、郭子仪、李泌、宋璟、薛仁贵，宋代的范仲淹、包拯、叶适、高怀德，明代的徐达、沐英、谭纶、刘会等。

与"镇境"仪式相似，普度仪式也呈现出对社区自主性与一体性进行仪式化重构的特征。在中国传统民间信仰中，"鬼怪"常被用来隐喻社区外部的陌生人，为了净化自身的地域，各铺境内的民众常常通过仪式化的驱鬼行为来轮流驱鬼。[①] 每年阴历的六月初至九月底，泉州地区各铺境都要轮流做普度。庆典期间，泉州府分为 30 个单位，每个单位轮流主持一天的普度仪式。每个月为一个仪式周期，三个月内要重复三次普度仪式。

据道光《晋江县志·铺递志》记载："本县宋分五乡，统二十三里。元分在城为三隅，改乡及里为四十七都，共统一百三十五图，图各十甲。明因之。国朝增在城北隅，为四隅，都如故。……城中及附城四隅十六图。旧志载三十六铺，今增二

---

① 王铭铭：《走在乡土上——历史人类学札记》，中国人民大学出版社，2003，第 58—63、111 页。

铺,合为三十八铺。"可见,明代,泉州城分为东、西、南三隅,由"三十六铺七十二境"组成;清代增加城北隅,全城由"三十八铺九十六境"组成。

王铭铭在《明清时期的区位、行政与地域崇拜》一文中提出,泉州"铺境"是官方行政区划—"铺"与民间基层自治区划—"境"相结合的空间体系。从空间结构来看,"铺"位于"境"的上方,官方的行政制度对民间的地域崇拜空间具有界定和控制的作用。王铭铭在"铺境与社会控制"部分指出,"铺"的说法在元代就有,指的是驿站以及测量距离的官方单位,到了明代,"铺"才成为一种行政空间单位。这就提示我们:既然"铺"与"境"都是空间区划单位,且都具有城市管理的职能,能否透过"铺"来深入探究"境"的空间意义呢?

泉州旧城区"铺境"空间的结构与台南府城"联境"相似,二者都是以城市聚落为底图,叠加民间祭祀组织所划分的境域区块图层,再辅以境域的上位管理单位,最终形成官方体制下的城市分区管理模式。据学者统计,泉州"三十八铺九十六境"中,有十个"铺"内只有一个"境",其他"铺"都是由多个"境"构成的。可见,"铺"和"境"具有相同的空间特质,二者结合构成"铺境"的空间体系概念。二者作为官方和民间共用的城市空间层级单位,形成了有别于规整街区的,不规则的城市居住社区单元。

在中国古代行政制度中,"铺"主要有三种意涵,分别是唐代的城防治安,宋代的驿传邮递和明代的行政空间单位,三者具有不同的空间意涵指向。

(1)城市治安的分区组团

据《唐律疏议》载:"京城每夕分街立铺,持更行夜。"其中的"铺",指的是驻兵设岗,大城门铺兵一百人,小城门铺兵二十人。街上建有街鼓,发现异况,立即击鼓警报。[1] 宋代,"厢坊制"取代了唐代的"里坊制","厢"之下设"巡铺"。如宋孟元老《东京梦华录·防火》载:"每坊巷三百步许,有军巡铺屋一所,铺兵五人,夜间巡警收领公事。"[2] 按三百步一里计算,每"铺"面积约为一里,相当于一个"坊"。"铺"从城防治安机构,转变为定义城市居住空间的分区组团,并具有距离的意涵。

(2)地域范围的间距节点

---

① 陈鸿彝:《隋唐时期的社会层面控制》,《江苏公安专科学校学报》1998年第4期。

② [宋]孟元老撰,邓之诚注:《东京梦华录注》,中华书局,1982,第116页。

铺的设置与古代的驿邮制度有关。马传称"驿"，步递称"邮"，每隔三十里设一"驿馆"，每隔十里设一邮铺。据《永乐大典》记载："宋朝急递铺，凡十里设一铺，每铺设铺长一名，铺兵要路十名，僻路或五名，或四名。"顾炎武《日知录·驿传》载："今时十里一铺，设卒以递公文。"因此，"铺"是许多地区测量距离的官方单位，即一铺等于十里。道光《晋江县志·铺递志》载："而官府经历，必立铺递，以计行程，而通声教。都里制宋元各异，明如元，国朝间有增改，铺递则无或殊。"可见，"铺"不仅具有驿邮功能，还作为中央与地方沟通信息的重要通道，形成一定地域范围内的行政管控。

（3）区域行政的空间单元

据《汉语大字典》记载，"堡"，通"铺"，表示"县邑小城"。① 据王绚考证，堡的前身是五帝时代筑有防御性围墙的聚落，集防御与居住为一体，并不指单纯的防御性建筑。② "堡"在春秋战国时期已经比较常见。如《庄子·盗跖》："所过之邑，大国守城，小国入保。"《宋史·王安石传》载："保甲之法，籍乡村之民，二丁取一，十家为保。"可见，到了宋代，"铺"成为侧重防御功能的乡治组织。《泉州市志》载："至洪武二十一年，在泉州增设永宁卫，福全、崇武、中左、金门、高浦五守御千户所。"③ 福全旧时是一个"铺"建制，又称"福全铺"，由十三个境组成。"铺"的防御功能减弱后，逐渐演变为县级以下行政空间的控制单位。

巡铺与递铺的区域范围以及管理组织，在"铺兵制"④ 下形成具有行政空间区划属性的铺。"铺"是行政管理体制中的基层单位，而"境"则是民间自发形成的，"以共同信仰和祭祀活动为特征的基层自治组织"。⑤ "铺"与"境"本属不同的组织体系，在明清时期逐渐融合，成为地方基层的组织体系。这种国家行政与民间自治相结合的空间现象，在台湾地区被称作"联境"。与泉州铺境不同的是，"联境"是以"保甲制"为制度基础的。石万寿在《台南府城防务的研究》一书中，依时代顺序，将台南府城防务史划分为"建城之前""木栅筑城时代""三合土城时代""三郊守城时代""联境守城时代"五个阶段。在"联境守城时代"部分，石万

---

① 汉语大字典编辑委员会编：《汉语大字典》，湖北辞书出版社，1992，第69、95页。

② 王绚：《传统堡寨聚落防御性空间探析》，《建筑师》2003年第4期。

③ 泉州市地方志编纂委员会编：《泉州市志》，中国社会科学出版社，1999，第34页。

④ 吕俊杰等：《从"十三乡入城"看福全古村的铺境空间》，《南方建筑》2010年第3期。

⑤ 陈金亮：《境、境庙与闽东南民间社会》，硕士学位论文，福建师范大学，2006，第2页。

寿论述了"联境"形成的历史背景。一方面,在外夷海患、内乱民变、官军不力的背景下,民间以"境"为单位,建立协作互助的自保组。另一方面,为进一步控制基层社会,"铺"主动吸纳并整合"境",最终形成国家政权在县以下延伸的基层组织——铺境。[1] 站在国家治理需求的角度看,"境"具有存在的可能性与必要性。"境"的存在与发展并不是孤立的空间现象,而是融入了国家的统治需求。直到今天,"境"仍具备了"铺"的部分特质,在一定领域范围内形成分区组团,仍是具有乡治组织的聚落空间单元。

关于铺境和联境的职能,对上而言,可协助官府管理各项地方事务;对下而言,是民众维持地方秩序的自治组织。萧百兴认为,台南府城都市空间转化的历史社会过程,是一段官方与民间博弈的过程。[2] 泉州铺境也包含了两个层级,上层是中央政府体制下的行政区划末端,下层是行政力量无法触及的区域,也是民众基于民间信仰对生活环境的空间划分。

2. 都境

在闽东的宁德、闽南的泉州和漳州、闽中的莆田仙游等具有境域文化的地区,当地民众在祭祀时仍沿用"都"这一旧时的空间概念,"都"与"境"相结合后,形成"都—境"的文化现象。在疏文、烛台、庙匾等处,常出现"○○都○○境○○人"的署名落款,地址中也有"○○都○○境"的情况,如"宁德四都金燕境""十六都溪洋境""十七都水北境"等(见图3-14)。绕境仪式中,当地民众使用的疏文中也出现了"宁德邑二都仙泽境"(见图3-15)。元初,改宋乡、里为都、图,实行都图制。"图"原为征收赋税的田亩图,"都"为总田亩图。明代的户籍以十户为一甲,十甲为一图,十图为一都,"都"由此成为中央政府体制下的行政区划的空间单位。郑衡泌对泉州东海镇祠神祭祀空间结构的研究表明,"都"及以下的区划空间,每个层级都有相应层级的神祠和祠神。相应层级的神祠和祠神受到相应区域内人们的供奉,神祠的祭祀空间与行政意义上的区划联系起来,成为政府意志与民间信仰相结合的方位地址概念。[3]

---

① 石万寿:《台南府城防务的研究》,(台南)友宁出版社,1985,第10—50页。
② 萧百兴:《清代台湾府城空间变迁的论述》,硕士学位论文,台湾大学建筑与城乡研究所,1990。
③ 郑衡泌:《基层行政区划型民间信仰祭祀空间结构及其特征——以泉州东海镇典型村落为例的研究》,《世界宗教研究》2011年第6期。

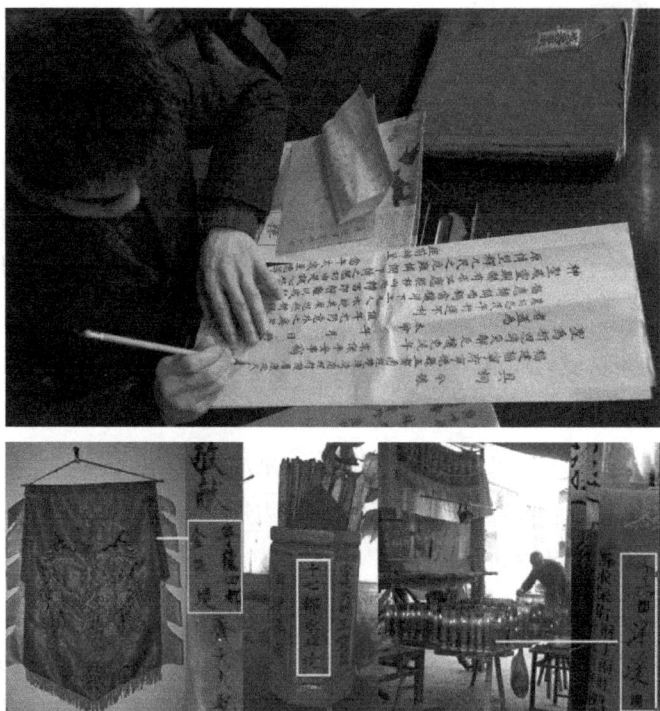

图 3-14 闽东各境庙祀品实物 [①]

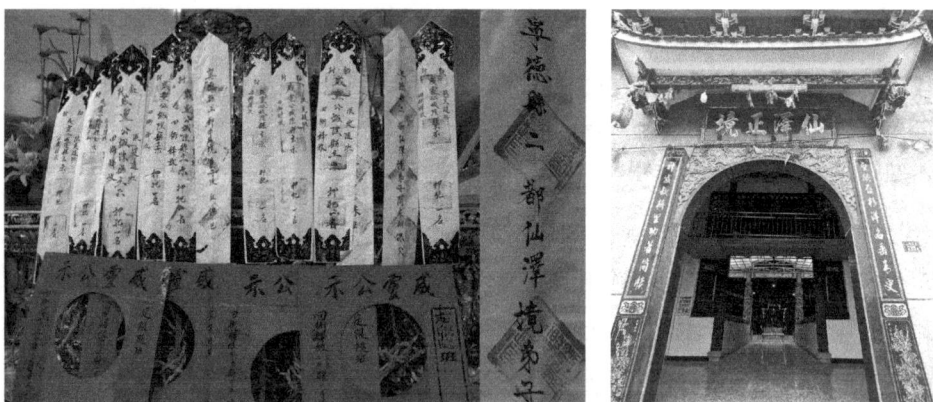

图 3-15 宁德城外二都仙泽境信众的长枷所书"二都仙泽境" [②]

---

① 本研究摄于 2012 年 1 月。
② 本研究摄于 2018—2019 年间。

就宁德地区而言，南宋时期，宁德县设"三乡十里"。元代，省去临海里、金溪里、安乐里。明代，宁德三乡七里，领二十五都。①安东乡陵山里统六都，一都在宁德县城内外，即今蕉南街道、蕉北街道、城南镇；二都统二十二村，包括现在的飞鸾镇与三都镇的礁头至寒垄村一带的村落；三都孤悬海上，统五村，即今三都镇诸海岛村落；四都统十六村，即今金涵乡和漳湾镇的郑岐村；五都统十九村，即今漳湾镇的大部分村落，包括漳湾镇区、王坑村、增坂村、南埕村、拱屿村、溪口村、蓝田村、马山村、下凡村、汤湾村、后湾村、贝头村、官井村、鳌江村；六都统二十三村，包括七都镇现今称作六都的一带，七都镇的三屿村、北山村、西林村、吉屿、河乾村、东岐村、黄连坑村等村，还有漳湾镇的门下村、上塘村、下塘村、官沪村、鸟屿村、仓西村、水上村（横屿岛）、雷东村，八都镇的金垂村、呑村、云淡村、下汐村等村，石后乡三望村。②霍童乡水漈里统五都。七都统六村，即今七都镇镇区一带；八都统十六村，包括今八都镇的部分村落和福安甘棠大车村；九都统十村，包括今九都镇的部分村落和八都镇闽坑村等村；十都统十村，即今黄田、贵村和溪南村一带，包括九都镇扶摇村、贵村、云气村，赤溪镇龟山寺，霍童镇的溪南村；十一都统十三村，包括今赤溪镇的大部分村落。霍童乡霍童里统二都，十二都统七村，即今霍童镇镇区及邑坂村文湖村一带，大、小童峰亦包括在内；十三都统九村，即今霍童镇石桥村、兴贤村、外表村、小石一带，还包括今周宁云门。③青田乡东洋里统六都，十四都辖二十三村，包括今周宁咸村镇川中、玛坑乡玛坑、七步镇郭洋村，蕉城洪口乡莒溪部分村落、赤溪镇芹格村、溪园村一带；十五都统十一村，包括今咸村镇樟源村、七步镇八蒲、玛坑乡方广寺一带；十六都统十一村，包括今周宁县城、七步镇镇区、浦源镇麻岭村一带；十七都统十四村，包括今浦源镇上洋村、礼门乡楼坪村一带；十八都统十一村，包括今李墩际会村、咸村王宿村、礼门镇镇区一带；十九都统九村，包括洪口镇区及周边、咸村镇区、霍童镇柏步村一带。青田乡感德后里辖一都，二十都统六村，旧时的石堂，今虎贝乡梅鹤文峰黄柏一带。青田乡感德前里统一都，二十一都统五村，今虎贝乡黄家村、洋中镇天湖村一带。青田乡安远里辖四都，二十二都统十八村，今石后乡小岭村、三峰山，洋中镇梧洋村、溪富村、坎下村、东山村一带，还包括洋中镇区；二十三都统十五村，即今石后乡的大部分村落和洋中镇陈洋村、溪尾村；二十四都统七村，即今虎贝镇区及周边村落；二十五都统十二村，即今洋中镇钟洋村、田地村、宝岩村、嵋屿村、青潭村一带和山阜村、莒溪村、南坪村、章后村、陈家洞一带。

明嘉靖年间，周墩建东洋行县，由宁德县主簿驻征赋税。清雍正年间，分割东洋里十五都至十八都设东洋分县。民国三十四年（1935），设周宁县，划十五都至十八都归周宁管辖。

宁德二十五个"都"中，每个"都"都有以"境"为单位的社会交往活动和信仰仪式活动，个别较大的集村还有两个"境"。各"境"供奉的境主神具有两个特点：第一，单姓村、大姓村多以黄岳、陈靖姑、林祖亘为境主神。如七都镇的许多同姓村落中，各房支均在本房支居住区域建筑"角头庙"，并设有村庙，作为全村信仰活动的公共空间。第二，境主神信仰受到自然环境的影响。受台风的影响，沿海村落多将妈祖奉为境主神。在中国古代民间神话传说中，齐天大圣是山区的保护神，山区村落的境主神多是孙悟空、猴王、猴神。

在郡县制下，"皇权止于县政"，即国家政权的正式权力只能延伸到县的层级，县以下属民间自治。明清时期，迁入闽东地区的外来移民迅速增多。尤其是清末以后，许多单姓集村、大姓集镇逐渐演变为地缘关系的社会结构。不同血缘关系的人群在同一聚落空间单元内难免产生种种社会问题，需要制定一些乡规民约来约束民众的社会行为。城市地区还可以借助城隍庙、关帝庙、孔庙等礼制建筑来进行社会教化，乡村地区只能依靠乡民自治了。境庙是民众借由"显圣物"塑造的神圣空间，满足了地方世俗的社会生活需求。

具有行政空间区划属性的"都"与民间祭祀组织所划分的"境"相结合，构成了地方的空间区划概念。鉴于明清时期，并没有形成统一的基层行政区划，各地对乡、都、图、里 等概念的界定及使用混乱繁杂，① 故无法构建通用的"境"所对应的区划层级，但毋庸置疑的是，民间信仰中的"境"是位于"都"以下的空间区划单位，由此形成近似"都图制"的"都境制"祭祀空间层级概念。

英国人类学家王斯福在《帝国的隐喻：中国民间宗教》一书中提出："在地方社会生活中，模仿官方礼制规范的又何止是民间宗教呢？在更广泛的民间习俗的背后，也多隐含着帝国隐喻的逻辑，并以文化象征的方式在地方社会中形成权威力

---

① 王昊：《明代乡、都、图、里及其关系考辨》，《史学集刊》1991 年第 2 期。

量。"① 李丰楙认为，中国西南地区以及台湾地区的五营信仰具体实践了"中央—四方"的空间模型，即以三秦为中央，以东九夷、南八蛮、西六戎、北七狄为四方来形塑营卫观。②

创建于北宋元祐二年（1807）的长溪县城隍庙，为闽东境内第一座城隍庙。元至元二十三年（1286），长溪县升为福宁州，县城隍庙改为州城隍庙。清代，福宁州升为福宁府，福宁州城隍庙升格为福宁府城隍庙。福宁府统辖霞浦、福安、寿宁、福鼎、宁德五县，福宁府城隍庙则统辖五县城隍庙。因此，霞浦县城内形成"福宁府城隍庙"与"霞浦县城隍庙"两座城隍庙。在福宁府城隍庙内，五县城隍神像合祀之。因此，在民间祭祀组织所覆盖的空间中，至今仍沿用府城城隍庙与县城城隍庙两级区划系统。

宁德、福安、福鼎虽然在 20 世纪 80 年代后，陆续由县升级为市，但在民间信仰的祭祀体系中，仍按照旧时行政区划举行祭祀活动（见表 3-5）。王铭铭提出，民间通过模仿官祀体制而形成的民间信仰，通过仪式挪用和故事讲述的方式，对自上而下强加的空间秩序加以改造。铺境制度吸收民间的民俗文化后，被改造为不同的习惯和观念，也转化成一种地方节庆的空间和时间组织。③

通过上述研究可知，民间出于世俗生活的需要，自行建构了"府城城隍→县级城隍→正境境庙→分境庙→角头庙→家中神龛"的祭祀系统和与之对应的空间。上述研究在很大程度上呈现了境域空间与国家行政空间的契合，以及民间约定俗成的境域融入国家行政意志的空间体系的过程。

---

① ［英］王斯福：《帝国的隐喻：中国民间宗教》，赵旭东译，江苏人民出版社，2008，第 1—6 页。

② 李丰楙：《"中央—四方"空间模型：五营信仰的营卫与境域观》，《中正大学中文学术年刊》2010 年第 1 期。

③ 王铭铭：《走在乡土上——历史人类学札记》，中国人民大学出版社，2003，第 88—125 页。

表 3-5 信仰与空间区划之关系 [①]

宫庙层级	空间区划
福宁府城隍	福宁府
宁德县城隍	宁德县
正境庙	城内各境（社区）
分境庙	城外各村
角头庙	境内角头
家中神龛	家庭

---

① 本研究调查整理。

第四章 传统聚落中"境"的空间演变

第一节 遗存境域的现状概况

历史时期，福建、广东、浙江、台湾等地区普遍存在着境域文化，时至今日，许多地区的境域文化已经不复存在。笔者通过田野调查发现，福建的许多地区，特别是福州、莆田、泉州、漳州、宁德五个沿海地区，都遗存有"境"的空间现象与文化。有些地方现存的境域还与明清时期地方志史料中的记载相符，并保留了与"境"有关的宫庙建筑、历史街区、机构组织以及文化活动等。改革开放以来的大规模城镇化建设，对"境"空间的区划及其文化遗存产生了较大的影响。一些老城区的境域空间已经模糊不清甚至消失，而农村人口的大量外流，尤其是青壮年劳动力的大量外流则使得境域文化活动的组织与开展失去主体。由乾隆二十八年刊刻的《泉州府志》可知，当时的泉州旧城区共有三十六铺九十四境，而2018年本研究对泉州旧城区进行实地调查后发现，只有鲤城区的少量境域还有境庙遗存。福州城区也是如此，大多数境域已被现代住宅小区取代。如下洋境因棚户区改造而成为如今的下洋新村，境主神宫庙虽被迁建到下洋新村，但原住民的大量外流却使得传统境域文化因后继无人而逐渐消失。

宁德蕉城老城区内至今保存着较为完整的境域文化。明嘉靖十七年《福宁州志》中描述的宁德十境中，除了凤池境、成德境外，其余八境至今尚存。老城区内各"境"的境庙位置、境域范围虽有变动，但仍保留着完整清晰的境域结构，呈现了区划完整的境域分布形态。不仅如此，随着老城区区划范围的扩大，原有境域社区人口的增加，还产生了新的境域单元。除宁德蕉城老城区外，宁德地区的其他县市、乡镇、村落也保存有不少境域，以及与境域有关的境庙、组织与仪式活动等。

宁德地区的地界范围经过多次变更，因此以清代刊本《福宁府志》所记载地界范围为准，[①] 包括所辖的五县各乡村。当时府城所在是地霞浦县，下辖宁德、福安、福鼎、寿宁四县，包括四县所辖的乡镇、村落。有些地方"境"的现象，仅存于民众的空间区划意识中，如在空间尺度相对较大的城市，城内居民认为自己所属于某某境，但是并没有境庙及其相关的仪式活动，因为没有依据"境"所形成的社会活动，也就无法产生与境相关的社会空间。因此，本研究不视其具有完整的境域概念，也不纳入研究对象的范畴。

第二节　研究对象与范围

一、研究对象

以宁德地区传统聚落中遗存的境域为研究对象，必须具备"有境庙、有明确的地域边界范围，以及有依旧延续进行的信仰活动"。这是基于"境"的空间文化概念所决定。因此，本文将研究对象"境"视为是由民间组织通过信仰仪式所定义的聚落社区空间区划。因而所选的案例，须具备三个方面的条件：

1. 具有相应的乡治组织。这是将包括信众在内人的活动因素考虑在研究之内。

2. 具有定期或者不定期举行的信仰仪式。"境"是以信仰为基础而构筑的空间，需要有境庙以及举行的相关仪式活动来达成。

3. 具有一定人居环境的空间区划范围。这是以境庙为中心所呈现的街区物质空间的边界表征。

本研究沿用《福宁府志》中对宁德地区聚落所采用的三级分类方式，以县、乡、村，对应现在的城、镇、村。之所以采用这样的分类方式，是出于以下两个主要原因：

1. 通过田野调查发现，虽然各级聚落经历长时间的发展演变，在人口数量、空间规模、环境条件方面变化较大，但是社会关系的基本结构并没有发生太大的改变。例如，县城的社会形态依然是复杂多姓的结构，乡镇聚落仍然以若干个大姓宗族为社会的主要结构，村落则延续以主要单姓的简单社会形态。因此，沿用县、

---

① ［清］李拔：《福宁府志》，（台北）成文出版社，1967，第42—43页。

乡、村的分类形式，是以社会结构的方式对聚落进行分类，在研究对象长时间的发展过程中，这种分类方式的基础并没有发生太大变化，有利从相对稳定的社会结构，去观察聚落形态变化。

2. 旧志中的聚落区位与现今施行的行政区位基本形成对等的形制，如县、乡、村对分别对应市（县）、镇、村。因此，沿用这样的分类方式，有助于在同一空间范畴下，根据过去文献记载与现在的田野调查进行对比研究。例如，宁德县现今为宁德市 ①、福安县现今为福安市、福鼎县现今为福鼎市，寿宁县和霞浦县依旧分别为寿宁县和霞浦县。霍童乡现今为霍童镇。

3. 聚落的演变从空间形态变化的角度来看存在着三种可能性，有形物质范围的扩大、缩小、不变。基于人口数量增加、城乡统筹发展的现状背景，各聚落基本处于发展扩充的状态，因而对于聚落规模缩小的案例不纳入研究对象之列，可视为未来研究的一个方向。

综上，根据宁德地区所属各县、镇、村的调查，共有霞浦、宁德两县的城市聚落，以及杉洋、霍童两镇的乡镇聚落可满足本研究对境域的定义要求以及聚落空间增长的研究条件。而对数量众多的村落型聚落，本研究则无法一一研究。

村落聚落在宁德地区的分布位置、产业形态、族群组成都比较复杂，这些规模大小不等的村落，散落分布在山区、海边、平原地区，因为所属的地理、水文、气候等自然条件形成不同形态。村落的人口组成类型，以单姓村居多，多姓村其次，杂姓村较少，针对这些以多元化形式存在的村落，本研究提出以境域单元与村落之间对应关系的方法，将这些具有境域概念的村落进行分类研究，可进行分类的村落必须满足以下境域的空间概念：（1）各村落有可供祭祀的境庙。境庙有不同的祭祀形式：一是境庙只属于一座村落，境庙等同于村庙。二是境庙由几个村落共同祭祀，是若干村落共同拥有的宫庙。（2）各村落均有相应境域的名称。例如，宁德县城城郊金溪村为福灵境，琼堂村为琼堂境等。（3）各村落均举行与境庙相关的祭祀活动。通过这些社会行为形成社会空间，呈现境域的空间领域概念。通过这三种呈现境域概念的重要依据，在对宁德地区进行田野调查时，以所发现的境域与聚落存在数量的对应关系，进行分类如下：

---

① 因为宁德地区的境域史料，主要集中在州志、府志、县志中，所以本研究在阐述宁德旧城区的境域特征时，仍称其为"宁德县"。

1. 一村一境：一座村落即为一境。每个村为独立的境域，并且有一座境庙，聚落的物质空间等同于社会空间。这种类型的村落领域感较强，通过"显圣物"的方式，对聚落的主要交通节点进行范围界定。通过设立物化的境门，强调村落作为独立个体空间的封闭性，这不仅是神明势力范围的界定，也是物质形态上的生活社区主要出入口。

2. 一村多境：一座村落内有两个以上的境域，通常为二至四个，聚落的物质空间由多个社会空间组成。由于村落人口的增加，村落内部分化形成多个家族或者族群，而境域又是象征着各个不同族群的单位。无论是单姓、多姓，还是杂姓村落，在相同社会关系的作用下，同一村落内分化成不同的社会空间。

3. 多村一境：多个村落祭祀同一座境庙，这是不同聚落的物质空间在"信仰圈"的聚合下形成共同的社会空间。由于村落形成的历史原因，或经济水平的局限，形成多个村落共同祭祀一座境庙。

本研究的对象选择仅是对聚落处于发展扩大状态下的城市、乡镇，以及村落（见表4-1）。换言之，是探讨聚落物质空间处于扩展，或扩展之后仍维持相对稳定现状的空间现象，而对于聚落由于人口缩减，空间缩小的案例，视为后续研究的内容。依据村落与境庙相互关系的三种分类方式，本研究针对村落在发展扩大过程中所呈现的境域现象给予阐述，并提出境域所形塑的聚落空间构成法则。

表 4-1 各层级聚落不同境类型的研究内容 [1]

聚落类型	聚落地名	研究内容
城市	霞浦县	境在城市空间内的层级关系："社→境"
	宁德县	城内各境及其空间现象："正境""分境"之概念
乡镇	杉洋镇	"四姓八境"聚落格局：八境形成缘由、空间形态及其形塑聚落之模式
	霍童镇	"境→堡"聚落格局：境与堡的空间结构及其形塑聚落之模式

---

① 本研究调查整理。

村落	廉村	单境聚落物质空间与社会空间关系
	松山村	单境聚落物质空间与社会空间关系
	南门四村	单境聚落物质空间与社会空间关系
	亭基坪村	一村多境聚落：多个境域物质空间与社会空间关系
	古溪村	一村多境聚落：多个境域物质空间与社会空间关系
	柘荣县十三境各村	多村一境：各村形成一境的缘由、空间形态、形成集村的物质空间与社会空间的运动规律

二、研究范围

1. 时间

以《福宁州志》所著年代的公元 1538 年为起点，直至 2019 年 12 月，建立历时性的对比研究。通过文献及田野调查的方式，将《福宁府志》中记载的五县城区相关的境域区划，与现今遗存境域的情况进行比较，讨论城市聚落的变迁。以宁德、霞浦两地为主，福安、福鼎、寿宁县城内如今虽然基本已无延续地方志记载境域的相关情形，但在城外乡村地区还有境域现象。乡、村聚落的境域在过去官方的地方志中并没有太多的描述，但是根据田野调查所获的庙志、家谱等其他资料可以部分了解到境域的发展与形成。因此在乡村聚落的时间界定上，以所获资料中有关境域形成的最早时间为起点，并与目前境域状况进行对比。

2. 空间

聚落是不断运动和发展的物体。因此，无法将各聚落限定在一个局限的空间尺度内进行研究。本研究针对空间的界定，以聚落所属境域产生的变化范围为界。例如，城市聚落中，地方志所记载的宁德县城范围是以城墙内为界，界内有十境，本研究的空间界定就是这十个境变迁所形成的空间范围。由于聚落的形态演变，是一个长期进化的过程，有些地方经历很长的时间却没有发生大的空间变化；而有些的地方，在短暂的时间内产生空间的巨变。因此，对于时间和空间的界定，需要结合各个案例的时空背景作为研究的考量。

本研究的主要范围是福建东北部的宁德市，是福建省九个地级市之一，经历多次行政区划的变迁，宁德市范围内的城、镇、村不同区划层级虽保留有大量的境域单元，但并非所有的城、镇、村都具有完整的境域结构。虽然地方志中记载的福宁府所管辖霞浦县、宁德县、福安县、福鼎县、寿宁县城内有境域单元组成的聚落空间单元,而现今福安市、福鼎市、寿宁县三城的境域已荡然无存。以福安城为例,在明代受到海寇屠城、外来人口迁入等影响,时至今日,原有的八境已不复存在。

从镇一级的行政区划来看,许多乡镇的境域都是零星分散的,仅在杉洋镇和霍童镇内保留有完整的境域形态格局。

从村一级的聚落来看,宁德市保留有大量的境域单元,多数为一村一境,也有一村多境,更有极少数的多村一境现象。对比城市与乡镇,村落境域的空间、文化、社会形态保存相对完整,所以也留有较多的案例。本研究选择对象设定在宁德县城及其城郊范围,以期未来的研究能建立城内与外城境域的比较,为后续研究打下基础。

第三节　城市聚落:"社—境"与"正、分境"

针对《福宁府志》中所记载的府城霞浦及其所辖宁德县城的研究发现,两座城内虽然都有境域的空间现象,但是在发展过程中,境域单元形成不同的空间结构形态。霞浦县城聚落为"社→境",宁德县城则呈现"正境→分境"空间结构,所以针对境域在霞浦与宁德县城中的不同空间表征形式,来探讨城市聚落演变过程。霞浦县的相关文史资料保留不多,研究上受到较大限制,但宁德的相关资料较为丰富。

一、霞浦县城"社—境"空间体系

霞浦县的形成经过了漫长的历史发展。晋太康三年(282)建温麻县,隋开皇九年(589)撤并于原丰县。唐武德六年(623)复县,改名长溪,不久迁治连江,改称连江县。长安二年(702),与连江分治,复置长溪县。唐开成年间分设感德场(后升为宁德县),宋淳祐五年(1245)分置福安县。元至元二十三年(1286)升为福宁州,明洪武二年(1369)降为福宁县,成化九年(1473)复为州。清雍正十二年(1734)升为福宁府,以原福宁州地置霞浦附郭县。乾隆四年(1739),分置福鼎县。至清末,素为闽东政治、军事、经济、文化中心。民国二年废府留县。中华人民共和国成立后，霞浦县建制不变，今隶属宁德市。^①霞浦县原为福宁州州城，以及后来福宁府府城所在地。民国以来，霞浦县城失去作为府城治地的作用。1949 年后，霞浦县在闽东地区政治中心的位置，被福安县所替代，而后宁德县成为闽东地区的行政中心，直至今日。因此，相对于宁德县，霞浦县城近百年余来的发展明显滞后，发展的不平衡使得人口大量外流。霞浦县城旧城区原有居民外迁，使得许多"境"由于人口流失，境庙也多数不复存在，相关仪式活动也被迫终止。而后迁入的新居民并没有传承境庙信仰，因此境域空间逐渐模糊。至此，许多境域单元在城区内的空间区划概念，只存在于老一辈民众的记忆之中。

图 4-1 万历四十四年刊刻之《福宁州志》^②

据万历四十四年刊刻的《福宁州志》"街巷"篇记载（见图 4-1），州城霞浦七街一十七巷三十六境："自州以东曰东街，有东井、池家、尹家三巷，凡境十：曰龙波，曰闽东，曰后善……"可见，这一时期的霞浦县城（见表 4-2）主要是以"城→街→巷→境"的城市空间区划为结构。然而这样的层级关系并不是一成不变的固定模式，随着街巷范围大小的不同，与"境"的空间层级关系也有差异。例

---

① 1988 年，宁德撤县改市。

② 图片来源：《中国方志库》，http://210.34.4.20/cn/detail.asp?pid=3&sid=3214.

如，东门东街三巷所辖十境，而西门新城街所辖六巷两境。由此看来，城区中街巷的规模大小与"境"的数量存在一定的对应关系，在城内形成五街、十七巷、三十二境的空间模式，并组成"城→街→境→巷"以及"城→街→巷→境"两种空间区划结构。

表 4-2 依据万历四十四年版《福宁州志》整理的霞浦县城内各境所处街道 [1]

东街	龙波境	闽东境	后善境	古池境	石泉境	集贤境	高莲境	遵善境	儒林境
西街	万安境	金波东境	金波西境	钱塘中境	钱塘西境	乘驷东境	乘驷西境	德贵境	朝天下境
南街	政平境	钱塘后境	钱塘边境	莲池上境	莲池中境	莲池下境	—	—	—
北街	朝天门境	朝天东境	朝天西境	朝天边境	乘驷后境	—	—	—	—

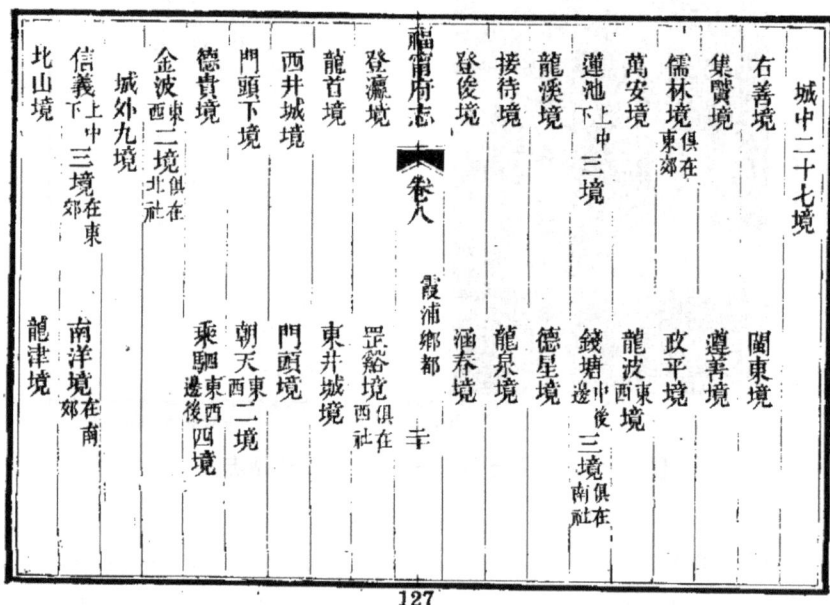

图 4-2 清光绪六年版《福宁府志》所载"城中二十七境" [2]

---

① 本研究调查整理。

② 图片来源：《中国方志库》，http://210.34.4.20/cn/detail.asp?pid=3&sid=3114.

光绪年重刊的《福宁府志》所记载的霞浦县城各境数量发生了变化（见图 4-2），并且出现了"社"的空间概念。城中二十七境分别归属东、西、南、北四社（见表 4-3）。各境是以城门为相对坐标，并呈现了有别于"街→巷→境"的另一种空间区划："社→境"。

表 4-3 霞浦城区"社→境"关系 ①

东社	古善境	闽东境	集贤境	遵善境	儒林境	—					
南社	政平境	万安境	龙波东境	龙波西境	莲池上境	莲池中境	莲池下境	钱塘中境	钱塘后境	钱塘边境	—
西社	龙溪境	德贵境	接待境	龙泉境	登后境	涵春境	登瀛境	罡溪境	—	—	—
北社	源头境	朝天上境	朝天下境	朝天东境	朝天西境	德贵境	金波东境	金波西境	乘驷东境	乘驷西境	—

霞浦县城中的"社→境"聚落空间体系，是将城区空间分为东、西、南、北四社，四社内均有"境"。因此当地民众习惯上用"社"或"境"定义居住方位。据乾隆十九年《福建通志》记载："霞浦县儒学在东社集贤境。"又据民国十八年《霞浦县志》记载："旗下街在北社乘驷后境。"可见城区内是以"社→境"的区划，作为聚落空间层级结构（见表 4-3）。《福宁府志》也更明确记载了霞浦县城的空间区划存在着"四社二十七境"的格局。城中二十七境分别归属东、南、西、北四社。"社"与"境"是什么关系？这正是本研究需要厘清的问题，进而呈现霞浦县城的城市聚落形态。

（一）"社"

《周礼》曰："二十五家为社"，"社"在很长的一段历史时期内是指一定数量家庭所构成的居住社区。虽然"社"的空间概念在现今的霞浦县城内已经非常模糊，但是作为民间的组织机构，依然还负责四个区域的民间活动。例如东社负责城隍庙

---

① 本研究调查整理。

之事务，元宵节前二日，"东社迎城隍神出巡四城，俗称'迎龙袍'"。①

霞浦县城原有四个大宫庙，与之对应的是四个城门的相对空间概念，东门为城隍庙，西门为道堂宫，南门为南宫，北门为七圣宫。在这四座大宫庙分别是四社的社庙，社庙的神阶位于境庙之上。"社"还代表城市空间区划概念的东、南、西、北，类似于今天的四个大型生活社区。四座社庙形成的民间组织机构，在历史上也曾经作为各自空间组团内社会公共活动的组织和管理机构，其中又以东社的城隍庙等级最高。

1. 城隍庙：东门内原有两座县城隍庙及府城隍庙，分别主祀县、府城隍神。每年农历正月十三为城隍诞辰节日。"境"内民众将城隍"龙袍"迎出巡街。由于县城隍神是护佑整座县城的神明，因此巡境时不仅局限于东社各境，而是包括其他三社在内的整个县城。

2. 道堂宫：主祀"詹公侯王"，每年农历正月十二为其诞辰。以往在此神诞之日，西社民众将神像抬往大街巡行，并随行有台阁之类的依仗队伍。此宫在民国时期改为卫生院和戒毒所，现作为中学教师宿舍。

3. 南宫：位于南门，正殿主祀"华光大帝"，东边配殿祭祀"芙蓉圣母"，西面配殿祭祀"和合仙"。每年农历四月八日为神诞节日，只演戏，不抬神像出巡绕境。据了解，当地民众认为南为"离卦"，其象属火，不能出巡，以利防火。此宫之后改为酒厂。

4. 七圣宫：位于北门街，主祀七圣真君，农历二月初二为其诞辰日，北社民众在这一天将神像抬出巡街。曾被国民政府改为"中山纪念堂"，中华人民共和国成立后改为文化馆。

较为著名的境庙和其他宫庙，还有东关关帝庙、白马庙、临水宫、九使宫；西关临水宫、王爷宫；北门玄堂宫。除霞浦县城外，在福鼎县城及闽东其他地区也遗留有"社"空间文化现象。只不过闽东地区的"社"，并不是城市四个方位区域划分，而是指民间信仰中的"社头公"及其所在的宫庙建筑。通常情况下，一位社头公管辖若干个"境"，并形成一定的区域范围。"社"不仅是若干个"境"联合构成的空间区划范围，还是一种以信仰来管理社区共同体的方式。

---

① 丁世良、赵放主编：《中国地方志民俗资料汇编：华东卷》，书目文献出版社，1995，第1278页。

在霞浦地区，"社"主要有三种意义。第一，空间区划范围，代表聚落中的四个主要方向区块。第二，是一定范围内的祭祀组织机构，对地方神明进行祭祀；第三，是由社内各境组成的社区共同体，类似于台湾地区的"联境"概念。因此，"社"不仅是空间区划范围，还是一个民间组织。社内各境借助神明信仰形成的共同社会活动，达成对聚落物质环境的社会空间划分。

（二）"境"

社内各境皆有所属的区划范围，如今以城内实质可见的城门、街、里、弄等作为边界。[①] 例如，霞浦县城东社包括五个境，其中，古善境的区划范围是从东门城门头至许厝里，闽东境的区划范围是从大街至气象弄。在霞浦城内，"境"是"社"以下的空间区划，并以有形的构筑物、街区、里巷等构成实质空间（见表 4-4）。各境内均有唯一的境庙，是境域范围的神圣中心。

表 4-4 霞浦县城"社→境→里、巷、弄"之空间关系 [②]

	古善境	东门头—许厝里
	闽东境	大街（石坊）—气象弄
东社	集贤境	气象弄—谢厝里
	儒林境	谢厝里—七曲弄
	遵善境	道弄头—察弄院

本研究经过实地调查发现，霞浦县城内的许多境庙都是二十世纪八九十年代以后重建的，与原有的宫庙位置出入较大。再加上城市改造破坏了原有的空间格局，因此，下面拟从"社→境"的空间结构关系入手，来探讨霞浦县城的聚落空间形态。

（三）"社→境"的空间结构关系

"社"是"境"的上级空间结构单位。过去，霞浦城内曾有东、西、南、北四座社庙。这四座社庙是城中四个境域的地标建筑，是域内民众举行民间祭祀等公共活动的中心场所。可见，境庙不仅象征着境域的神圣中心，也代表着一定的社区范围。关于"社→境"的空间结构关系，由于对境庙与社庙的认知存在差异，学界形

① 2013 年 2 月，笔者对福宁府城隍庙进行田野调查时，有幸见到了该庙为信众书写疏文的黄春旺先生绘制的霞浦县城内各境分布图。

② 本研究调查整理。

成了两种截然相反的观点。一种观点认为，"境"的前身就是"社"，境庙是由社庙演变而来的；另一种观点认为，"境"在"社"之前就已出现，境庙并不是由社庙演变而来的。持第一种观点的学者，如郑振满指出："社与庙都是构成境的必要条件，江口平原的每一村落，都有全村共同信奉的村庙，这些村庙大多是由明代的里社演变而来的。"[①]王振忠提出："所谓'境'，既指社庙，也指某一社庙管辖的范围，也是迎神赛会时巡游的范围。境、社的性质是相同的，是以共同信仰和祭祀为特征的地方乡里组织。"[②]持第二种观点的学者，如陈金亮提出，明代以前，"境"在莆田地区就已经出现。本研究通过梳理相关历史文献，发现境庙在宋代就已经存在。

"社"是一个多元复合的空间概念，在不同的地区、不同的聚落具有不同的空间意涵。"社"，《说文解字》释曰："地主也。"《周礼》释曰："二五家为社，各树其土所宜之木。"先秦时期，"社"既可指土地神，也可指祭祀土地神的场所。汉代，中央、郡国、县、乡、里等都立有"社"。乡以上的"社"由政府设置，官府致祭。"里社"以里名为社名，称某某里社，里社的全体居民都参加祭祀活动。三国两晋南北朝时期的长期战乱，导致人口大量减少，户籍制度被严重破坏，里社制度也难以为继。唐一建国，就下诏强调社祭，令民间普遍立社，春秋二次社日仍是民间的盛大节日。除去社祭外，里（村）社还起着基层政权机构的辅助组织的作用。如与村正等一起督催耕作、团保防盗、应官差遣等。宋代，"社"已经极为普遍，有些村庄就以某某社为村名，"社"的组织和活动也呈现了新的内容，如乡社武装、社仓、社学等。元代，以"社"为社会基层组织。其制先行于北方，元灭南宋后推广到江南。元代社制可分为农村社制与城市社制两类。农村立社的本意是劝农。元初，北方地区由于长期战乱，田地大量荒芜，人民饥馑流窜。针对这一情况，元政府在至元七年（1270）二月建司农司，同时颁布农村立社法令。因农村地区的社最早是作为劝农组织建立的，故农村社制又被称为"农桑之制"。城市立社制度也是在至元七年（1270）颁行的，城市的"社"设在"坊"下，每社的户数多于农村的社，凡城关居民均须入社。明初规定，每里立社，社原来只设坛，后来逐渐出现社庙，民间的春秋祈报就在社庙内举行。明代中后期，里社制度逐渐瓦解。赵世瑜认为，明代里甲制度破坏之后，如果社祭仍拘泥于国家体制的规定，不与地方神灵信

---

① 郑振满：《神庙祭典与社区发展模式——莆田江口平原的例证》，《史林》1995年第1期。
② 王振忠：《近600年来自然灾害与福州社会》，福建人民出版社，1996，第190页。

仰或者家族祭祀活动相结合，则必呈衰落趋势。[①]从这个意义上来说，境庙继承了社庙的部分功能。

霞浦县的"社"，与元代的"城市社制"较为接近。首先，霞浦县作为福宁府的府治所在地，属于城市范畴。其次，霞浦县城中包括诸多"境"，需要再辅以境域的上位管理单位"社"，最终形成官方体制下的城市分区管理模式。此外，明清时期的台南府城也有"坊→联境→境"的区划，联境由总首负责管理。[②]明清时期的泉州城，也有隅→铺→境的区划格局。"铺境"与"联境"都是以城市聚落为底图，叠加民间祭祀组织所划分的境域区块图层，再辅以境域的上位管理单位，最终形成官方体制下的城市分区管理模式。因此，"社"在空间结构与层级上的组织意义，就是管理城市中的诸多社区——"境"。

（四）霞浦县城中"境"空间的演变

"境→社"的空间结构关系，在城市聚落与村落聚落具有不同的表现形式，因此，这里用"社境分构"与"境社同构"来区分聚落构成的类型。"社境分构"是指在城市聚落中，社庙以分香或者其他方式产生出新境庙，或自行成立新境庙。新境庙内祭祀的是境主神。新境庙由于依附于社庙的社区之内，故成为社庙次一级的宫庙——境庙。如此一来，"境"在空间区划上自然成为"社"下一级的区划。"社境同构"是指境庙继承了社庙的一切（如建筑物、功能等），社庙直接转变为境庙。社境同构在村落聚落中较为常见，主要分为一村一境和多村一境两类。

境庙祭祀活动为民众提供精神支柱，维系着基层社会的正常秩序，并呈现出不同的聚落空间构成法则。随着境庙的大量兴建，社庙的职能或是转移或是减弱，霞浦县城逐渐形成了"四社二十七境"的空间区划格局。此时的"社"已经成为区域的代名词，原来由社庙划定的聚落空间区块，也被众多境庙重新组成聚落空间的版图。

霞浦的"境→社"空间结构关系反映出城市发展扩大时，原有的空间单元——"社"并非始终处于扩大的状态，而是在城市内部重新分化成不同的境域单元。这就呈现出聚落发展的一种空间变化规律，即物质空间扩大时，社会空间并没有随之扩大，而是产生了分化，由此形成了不同境主神的信仰，产生了相应的社会空间。

---

① 赵世瑜：《狂欢与日常：明清以来的庙会与民间社会》，生活·读书·新知三联书店，2002。

② 范胜雄：《中南市区里变革初探》，《台湾文献》1983 年第 3 期。

二、宁德县城"正境→分境"空间体系

宁德是闽东最古老的县份。晋太康三年（282），设温麻县。隋开皇九年（589），撤并于原丰县。唐武德六年（623）复县，改名长溪（治所在今霞浦县）。不久迁治连江，改称连江县，隶属闽州。唐长安二年（702），析原温麻县地设立长溪县，治所在今霞浦，隶属闽州，后隶属福州。元至元二十三年（1286），长溪县升为福宁州，属福建行中书省福州路，辖本州和福安、宁德两县。清雍正十二年（1734），福宁州升为福宁府，隶属福建闽浙总督府，辖福安、宁德、霞浦、寿宁四县。1912年，废府、州、厅建置，实行省、道、县三级地方政制，区内设古田、屏南、霞浦、福鼎、宁德、福安、寿宁七县。1949年，于闽东区成立第三行政督察专员公署，专员公署驻福安，隶属福建省人民政府。1970年，福安专区革命委员会驻地由福安迁往宁德县城关。1983年，设立宁德地区行政公署，并辖有福安、宁德、福鼎、霞浦、寿宁、周宁、柘荣、古田、屏南九县。宁德县成为闽东地区的行政中心后，相关政府机构陆续迁入城区，城市规模迅速扩大，产生了一系列新的境域空间现象。

与霞浦城区不同，宁德城区基本保留了原有的境域空间格局。原有居民没有大量外迁，再加上外来人口不断迁入，使得城区范围不断扩大，形成新的境域。霞浦与宁德在境域形态上存在较大的差异，这就为探讨霞浦与宁德两城区的聚落空间演变提供了丰富的素材。下面，主要从霞浦县城"社→境"与宁德县城"正境→分境"的空间构成与变迁的角度，来探讨这两个城区的聚落空间的演变。

笔者通过查阅宁德县城的历史档案，并结合田野调查中获得的口述史资料，发现宁德县城的境域格局和聚落空间形态经过两个历史时期的变化，逐渐形成了"正境→分境"的空间格局。

阶段一：抗日战争时期，为躲避日军的空袭，时任县长命人拆除古城城墙。城墙被拆除之后，宁德县城的范围在战火中不断向外扩展。

阶段二：从20世纪90年代初期开始，由于城市建设的发展以及大量人口的迁入，宁德县城的面积不断扩大，在城区边缘以及城乡结合区域，产生了许多新建的居住社区。这些新建的居住社区，极少延续老城区旧有的境域空间，不仅建立了新境庙，形成了新的境域单元，还有了自己的境域名称，如文鹤境（朝天境之分境）、

芦新境（保安境之分境）。在当地民众的认知中，新建的境域单元与其毗邻的旧境域之间，往往存在着密切的关联。就境庙而言，二者是正境与分境的分香设火关系；在聚落的空间发展层级上，二者是"旧有"和"新建"的先后关系。

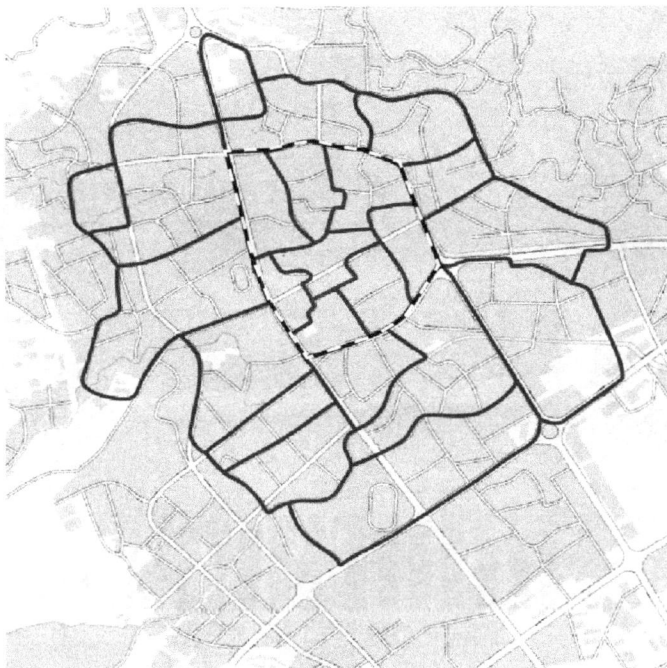

图 4-3 宁德县城郊境域分布图 [①]

图 4-3 中的虚线部分，为旧城墙所在的位置。旧城墙被拆除之后，城墙遗址成为城市的主要干道——环城路。因此，环城路也是宁德新旧城区的分界线。虚线内为旧城区的境域区块，其余部分则为新城区的境域区块。

下面，将从世俗环境与神圣空间的二元视角，详细探讨宁德县城"正境→分境"的境域空间格局。

（一）正境

"正境"作为宁德县城特有的境域概念，具有两种意涵：一是指城乡聚落中出现以同一个境命名的若干社区时，"正境"代表的是最早的原始社区；二是指该境内最早之境庙。以宁德城区的"朝天正境"与分境"朝天境"为例，以境内唯一境

_____

① 本研究整理绘制。

庙（见图 4-4 上）为信仰中心所形成的空间范围，就是朝天正境社区（见图 4-4 左下），朝天境则是指"朝天正境"以外的区域范围，当地民众也称其为朝天正境的"分境"社区（见图 4-4 下）。分境必设境庙，且不冠以"正"名。朝天境的境庙名称为"朝天境"。

图 4-4 朝天正境境庙、正境境门、分境境门 [①]

---

① 本研究摄于 2017 年 3 月。

图 4-5 明嘉靖十七年《宁德县志》记载的流传至今的七境 [①]

　　据明嘉靖十七年《宁德县志》载："一都四图，俱在县城，城内有五街十境，曰东街，有金鳌、鸾江、福山三境；曰南街，有鹏程一境；曰中街，有成德、龙首二境；曰西街，有鹤峰、西山二境；曰北街，有凤池、朝天二境。"（见表 4-5）除凤池境、鹤峰境、成德境不存外，其余七境至今尚存（见图 4-5），并有相应的民间祭祀组织。

　　明嘉靖四十二年（1563），为抵御匪患，重建城墙并辟五城门。清乾隆四十六年《宁德县志》中，城中十境的位置分别是："金鳌境、鸾江境俱在东门内；成德境、金仙境俱在小东门内；鹏程境在南门内；鹤峰境在城正中；西山境、凤池境俱在西门内；朝天境在北门。"金仙境留存至今（见图 4-6）。

图 4-6 清乾隆四十六年《宁德县志》记载的金仙正境[①]

---

　　① 本研究摄于 2018 年 。

图 4-7 是宁德城隍庙的圣德法师给各境信众书写疏文时，所收集整理的各境信众的住址信息。目前，宁德城区共有十八境，其中，城内八境，城外十村被称为"外十境"。[①] 各境信众在举行信仰仪式时，仍使用该村的境名，而非行政区划名称。

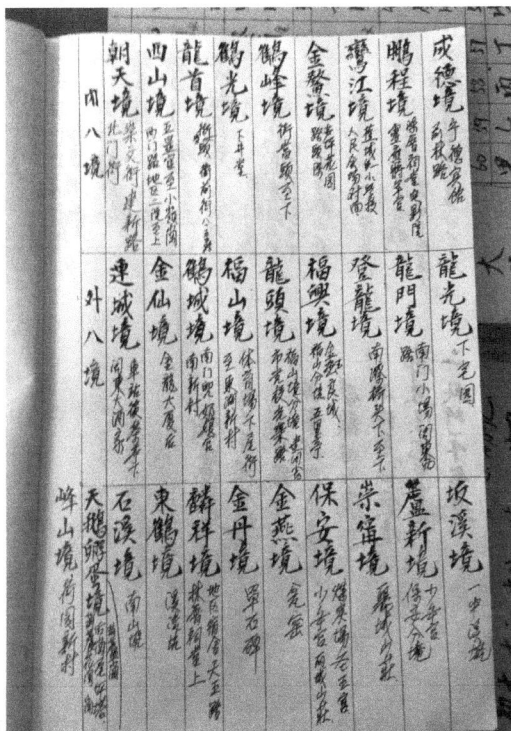

图 4-7 宁德城隍庙圣德法师整理的宁德十八境[②]

---

① 据本研究不完全统计，仅蕉城区金涵乡就有十多个境。
② 本研究摄于 2015 年。

表 4-5 各时期宁德城区境域 [①]

1538 年版《福宁州志》谢廷举主修	东街			南街	中街		西街		北街	
	鸾江境	金鳌境	福山境	鹏程境	成德境	龙首境	鹤峰境	西山境	凤池境	朝天境
1781 年版《宁德县志》卢建其主修	东门			小东门	南门		城正中	西门		北门
	鸾江境	金鳌境	成德境	金仙境	鹏程境	龙首境	鹤峰境	西山境	凤池境	朝天境
2013 年圣德法师 [①] 记录宁德城内各境	内八境									
	东门		小东门	南门		城正中		西门		北门
	鸾江境		成德境	金鳌境	鹏程境	龙首境	鹤峰境	西山境	鹤光境	朝天境
	外八境									
	连城境	金仙境	鹤城境	福山境	龙头境	福兴境	登龙境	龙门境	龙光境	—
	新境（部分）									
	坂溪境	芦新境	崇宁境	保安境	金燕境	金丹境	麟祥境	东鹤境	石溪境	天鹅孵蛋境

　　与霞浦县城境域的上位空间"社"不同，宁德县城以四座城门作为十个正境的上位区划，并且作为境域之间的相对位置区分。十境分别归属于四门，以神明来界定具象的物质空间范围。[②] 清代时期，宁德四座城门各有两尊赤白二爷，当地民众又称"四城门八身丈二伯""高伯""矮伯"，合称"丈二伯""黑白无常"。四座城门的赤白二爷，如今仅剩下北门的两尊，供奉于城隍庙内。四座城门的城楼之上，又分别设有四堂（见图 4-8），十个境域的世俗空间分别由城内四座境庙的主神管辖。具体如下：

　　东门，镇静门，名曰长生堂。供奉原福山正境境主神林公忠平侯王，以及陪祀神太后元君。管辖金鳌、鸾江、成德、金仙四境。

　　西门，崇顺门，名曰太爷堂，又称福寿堂。供奉西山正境境主神陈太尉，以及陪祀神五显灵官、通天圣母。据《宁德县志》记载，西山正境的境庙英惠宫有两处

---

① 本研究调查整理。

② 在圣德法师整理的境域区划图中，原属城外东门地界的金鳌境、保安境被城外的福山境和保安境所覆盖。金鳌、保安两境渔民因围海造田而迁移至城西的卢萍新村，故东门附近新迁入的民众分别祀奉福山境主与保安境主。

宫庙，一座位于现西山正境宫庙内，另一座位于现莲峰桥附近，分别称为上宫和下宫。管辖西山、龙首、鹤峰、凤池四境。

南门，永宁门，名曰保福堂。供奉龙门正境境主神灵杰侯王，及陪祀神通天圣母、财神白将军等。管辖鹏程境。

北门，遵化门，名曰长寿堂，供奉朝天正境境主神太后元君陈婧姑，以及陪祀神田元帅等。管辖朝天境。

宁德城内虽没有建立社庙，但从空间区划、功能作用来看，宁德四堂大致相当于霞浦四社庙。首先，二者都以绝对方位，划定了聚落空间的四个区块，使得城内各境域分别归属于四个方位或居中；其次，二者均是各境域单元的上位管理机构，并形成了相应的社会空间，通过神明信仰活动强化了四个区块之间的领域关系。从表面来看，是神明的神阶决定了聚落空间的上下层级关系，形成了聚落的空间结构。就本质而言，是民众通过信仰活动和相应的组织机构形塑了聚落的社会空间，实现了对境域内公共事务的管理和对物质空间的分区管理。

图 4-8 宁德市内现存的四堂 [①]

（二）分境

分境是相对于正境而言的。分境出现的原因，可归结为社区扩建、城市建设、新建境庙三类。

1. 社区扩建

随着人口的增加、居住社区面积的扩大，许多新建社区脱离了原有社区，成为新的境域。因为新境域的境庙所祭祀的神明与原境域社区相同，所以在祭祀、游

---

① 本研究摄于 2019 年 1 月。

神、巡境等社会活动中，新境域与原境域之间存在着密切联系。在当地民众看来，分境就是正境的衍生支系的空间区划单位。朝天境、文鹤境均是朝天正境的分境。

（1）朝天正境

在城内北门，为原宁德县城中的十境之一。境庙主祀神为林公忠平侯王。[①] 据明嘉靖十七年《福宁州志》记载："宁德县城五街十境。"朝天境是北街唯一的境域。据清乾隆二十七年《福宁府志》"宁德县乡都"篇记载："宁德县城有十街十三境，城中五街十境，城外三境。"东门：金鳌境和鸾江境；小东门：成德境、金仙境；南门：鹏程境；城中：龙首境、鹤峰境；西门：西山境、凤池境；北门：朝天境。城外三境：福山境在东门外，麟祥境在小东门外，登龙境在南门外。清光绪六年重刊的《福宁府志》中记载的宁德县城境域格局和乾隆二十七年《福宁府志》完全一致，可见宁德县城境域格局在清代中晚期没有发生变化。

通过梳理明清时期的地方志可知，自明代以来，朝天正境就是城北唯一的境域，至今仍是如此。清代，东门外、小东门外和南门外出现三境，而朝天境所属的北门外并没有形成新境域。

（2）朝天境

20世纪80年代初至90年代末，朝天境所属的北门内境域逐步向城墙外延伸，并形成了新的境域。1970年，福安专区革命委员会驻地由福安迁往宁德县城关。1983年后，成立宁德地区行政公署（今宁德市政府），在旧城墙北门外的建新路两侧修建了政府办公楼和相应的家属楼，形成了以建新路为主轴的社区。20世纪90年代末，沿建新路主干道发展的社区被当地民众归属于朝天正境，建新社区由此成为朝天境。（见图4-9）

---

① 据闽东史料记载，林公忠平侯王原名林亘，生于宋庆元三年（1198），祖籍安邑芹洋境溪乾头（今福安市溪潭境内），后迁至今福建省周宁县杉洋村。生前神勇无比，乐于助人。明成化八年，明宪宗敕封林公为"杉洋感应林公忠平侯王"。林公与临水夫人陈靖姑、忠烈恩王黄岳，并称"闽东地区民间三大信仰"。林公忠平侯王祖殿（又称"林公宫"）位于今周宁县玛坑乡杉洋村。

图 4-9 朝天正境与朝天境社区的境门 [①]

（3）文鹤境

20 世纪 90 年代初，建新路社区继续向西面山坡延伸，一直延伸到白鹤岭主山山腰中段，城外崇文村第二生产队、第四生产队、第五生产队、第六生产队的村民陆续迁入。20 世纪 90 年代末，建新路西段新社区的物质空间形态基本稳定，当地民众仍以朝天正境为境庙，进行相关的信仰活动。2010 年，当地民众以居住社区远离朝天正境为由，共同出资修建新的境庙——文鹤宫，新的境域也随之产生。以崇文村村名中的"文"字为境庙与境域的首字，又因该地位于白鹤岭，故取名文鹤境，境内祭祀主神则是林公忠平侯王。

当地民众视文鹤境为独立境域，称其为"文鹤正境"（见图 4-10），并以境庙为神圣中心进行一系列的社会活动。如通过举办游神、绕境仪式来定义境域边界，增

---

① 本研究摄于 2019 年 1 月。

强境内民众的地域归属感和认同感。尽管该境的物质空间与朝天境一致，但其内部的社会空间已经产生裂变。

图 4-10 文鹤正境境庙 [①]

从地理位置来看，朝天境与朝天正境毗邻，文鹤正境则距离朝天正境较远。朝天境与文鹤正境均建有自己的境庙，成立有自己的乡治组织，形成了新的境域单元。朝天境是朝天正境的分境，文鹤正境则是独立的新境域。可见，新境域并不是在原有社会空间的基础上形成的新社会空间，而是与原有社会空间产生分化后形成的新社会空间。

2. 城市建设

（1）福山正境

明代，福山正境位于城内的东街。清代重建城墙后，福山正境位于东城外，主祀神为炎帝。福山正境的界域范围，即旧时的福山村。

---

① 本研究摄于 2019 年 12 月。

（2）福兴境

1973 年，福山村的主干道——东湖路建成后，将福山正境的境域一分为二。境庙位于东湖路北侧的福山村内，在东湖路南侧成立了东侨经济开发区，陆续在开发区内新建一批工厂和居住社区。新迁入的居民与原福山村村民共同生活在同一社区内，并于 1998 年成立福兴境。福兴境的游神、建醮等仪式活动，与福山正境的境庙息息相关。

福兴境之所以被视为福山正境的分境，很大程度上是因为境内居民中，原福山村村民占据大多数。这些村民的户籍仍在福山村，且对正境的认同感与归属感是根深蒂固的，并以正境主神的分香形式设立分境庙。由此可见，新建的道路和开发区不仅改变了福山正境原有的物质空间形态，也产生了新的社会空间，使原有的社会空间出现了分化。因此，当聚落的物质空间形态发生改变时，其社会空间也会随之改变或产生新的形态特征。

3. 新建境庙

长寿境的境庙位于福山正境炎帝庙的对面，由鳌江渔民自行修建，又称"鳌江宫"。当地民众称，每年农历正月初九是炎帝的诞辰，这一天涌入炎帝庙用寿桃祭拜为其庆生的人有很多，渔民因为社会地位低而遭受排挤。有鉴于此，一些有经济实力的渔民带头捐款，和其他渔民共同修建了鳌江宫。由于供奉的神明与炎帝庙相同，故当地民众称福山境的炎帝庙为上宫，鳌江宫为下宫。长寿境由此被视为福山正境的分境。由此可见，境庙是具有相同信仰的人群以共同的劳动关系和社会活动为基础，所形成的特定社会空间。

（三）正境与分境的空间关系

依据境域的命名方式，分境又可分为"同名分境"和"异名分境"两类。同名分境，如宁德城郊"亭基坪正境"的分境"亭基坪境"（见图 4-11）。

异名分境的境名，则与原正境的境名完全不同。如图 4-12 所示，金丹境为金燕正境的分境。笔者考察宁德城郊各境后，发现同名分境与正境具有相同的境主神信仰，而异名分境的境主神则与正境不同，故在另立新名的基础上，加以"正境"字样以凸显神格。如朝天正境的分境——"文鹤正境"。

图 4-11 宁德市金涵乡亭基坪正境、分境的境庙①

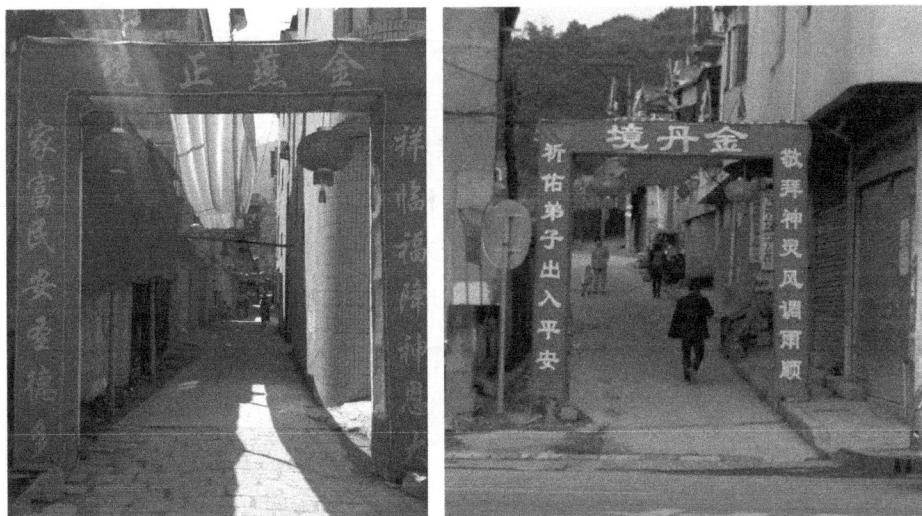

图 4-12 金燕正境社区境门（左）与金丹境社区境门（右）②

---

① 本研究摄于 2015 年 8 月。
② 本研究摄于 2013 年。

为弄清分境另起境名的缘由，笔者对当地民众进行了深入访谈，当地民众的回答却是众说纷纭。不过，笔者在调查中发现，同名分境受访者和异名分境受访者的姓氏之间存在着较大差异，其中，异名分境的居民姓氏比较复杂，同名分境的居民姓氏则相对集中。因此，笔者以《宁德县地籍图册》（见图 4-13）中记载的各境业主姓氏为线索，来调查其社会关系结构。

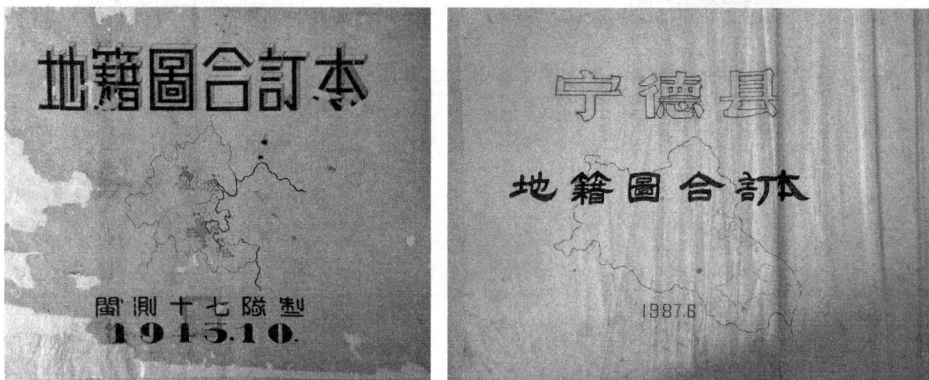

图 4-13 各时期宁德县地籍册[①]

研究过程，则结合社会学的人口姓氏关系与建筑学的"图底关系法"[②]，分为两个步骤。首先，统计境域内各宗地地主的姓氏分布情况（见图 4-14），通过查阅族谱来确认同姓地主之间可能存在的血缘关系和辈分关系（见图 4-15）。笔者通过统计研究发现，与异名分境相比，同名分境与相应正境的大姓地主之间具有较强的连带关系。其次，笔者运用"图底关系"的研究方法，对各境域内的姓氏分布情况进行了图形分析。由此得出的结论是：异名分境呈现的是零散的图形关系与复杂的姓氏结构分布。

---

① 资料来源：宁德市档案馆。

② [美] 罗杰·特兰西克：《寻找失落空间——城市设计的理论》，朱子瑜等译，中国建筑工业出版社，2008。

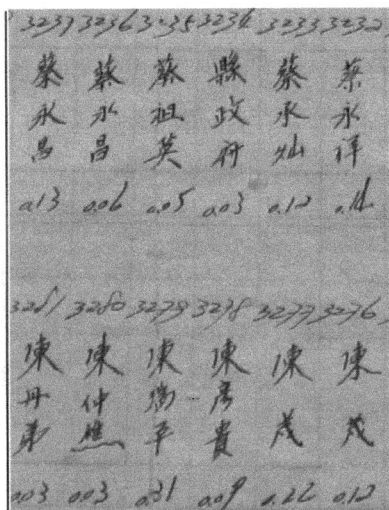

图 4-14 地籍册业主姓名编码及区块面积[①]

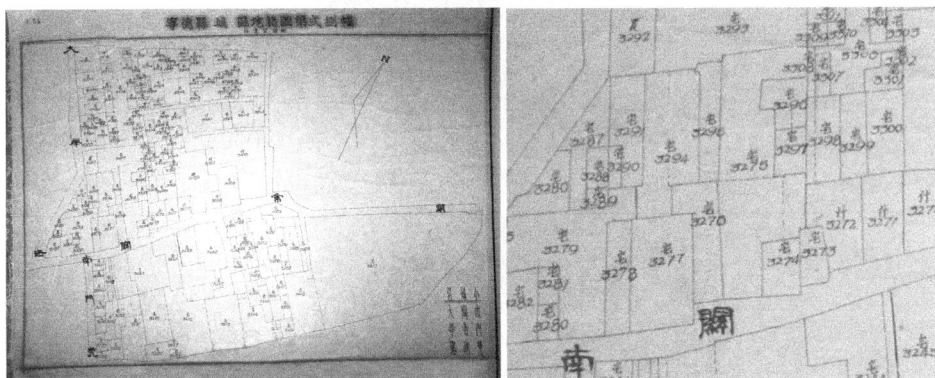

图 4-15 地籍册各街区地块编码[②]

地籍图是表示土地权属、界线、面积和利用状况等地籍要素的地籍管理专业用图，标注有宗地权属界址范围及宗地所有权人。由于城市生活用地多为地主自建并居住使用，故在城市社区范围内，各宗地所有权人基本上就是住户及其直系后代的亲属。因此，以地籍图的所有权人的姓氏为切入点，可以考察城市居住社区的社会结构与空间特征。需要明确的是，户籍资料也能反映城市居住社区的社会结构与关

---

① 资料来源：宁德市档案馆。
② 资料来源：宁德市蕉城区档案馆。

系，但由于城市人口的流动性较强，且现今可查的宁德市户籍资料开始于 1945 年，之后又发生多次结构性的人口调整。因此，这里以与分境形成时期较为接近的地籍图册作为研究的基础。具体而言，在各时期《宁德县地籍图》中，选取与分境形成时期最为接近的 1945 年作为研究宁德各境域内社会结构的依据。

自 1939 年，宁德县城墙被拆除后，原本毗邻城墙的各正境场域逐渐向外扩展，脱离原正境，最终形成独立的异名分境。按照林美容[1]关于一姓村、主姓村、多姓村的聚落形态分类标准，福兴境、龙头境、庐新境接近于"杂姓村"，一村内前五大姓氏的村民占比不足一半，而与"分境"对应的"正境"在社会结构上呈现出"多姓""主姓"的特征。笔者在田野调查中发现，在没有形成"分境"的村落中，主要姓氏地主通过与"正境"地主联姻的方式来获得土地，出现了土地过户异姓的现象。

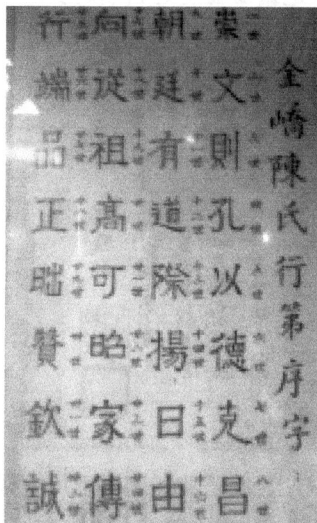

图 4-16 福山境陈氏祠堂内展示之"行第序字"[2]

在姓氏结构方面，同名分境与正境之间存在着显著关联。即正境境内的大姓、主姓，同样位于同名分境的地主姓氏的前列。至于"正境"地主与"同名分境"的同姓地主之间是否存在血缘社会关系，则有待进一步的研究。以西山境为例，正境

---

① 林美容：《一姓村、主姓村与杂姓村——台湾汉人聚落形态的分类》，《台湾史田野研究通讯》1991 年第 18 期。

② 本研究摄于 2011 年 10 月。

境内的大姓陈氏，在地籍图册记录的地主姓名中，出现了"从、祖、昭"等序字（见图 4-16）。而在同名分境——朝天境中，陈姓不仅出现了和"正境"陈氏相同的"从、高、昭"等序字，还出现了前述序字之后的"传、端、品"等序字。由此可见，同名分境与正境之间存在着一定的血缘社会关系。城市新旧居住社区在非血缘关系下的延展而设立的分境，通常采用与正境不同的境域名称，而其所祭祀的主神均非正境之主神。

正境、同名分境、异名分境是由不同的社会结构所形塑的聚落社区空间，正境与同名分境基于共同的主神信仰，通过"祭祀圈"整合形成聚落的社区空间共同体。异名分境则基于不同的社会关系结构，形成了境名、境主神等不同境域特征。可见，社会关系是构成境域特征差异、聚落组团分化的重要因素。

（四）宁德县城中"境"空间的演变规律

宁德县城的城市聚落，是由以境域为单元的社区组成的。城墙被拆除后，原本封闭在城墙内的社区获得了向外扩展的空间。随着人口的增长，各正境周边又逐渐形成了新社区。当新社区发展到一定规模时，就形成了社会空间的裂变和分化，从而成为新境域。这些新境域之中，有的因与原正境之间存在着族群血亲关系，所以信仰相同的境主神；有的因毗邻的地域位置，成为与止境在社会活动方面具有密切关系的分境。"正境"和"分境"形塑的聚落形态，具有如下空间特点：

第一，城市聚落由显性的物质空间和隐形的社会空间构成，在显性的物质空间环境下存在着隐形的社会空间。社会空间的形塑来自社会活动、族群关系以及物质空间之间的相对方位关系。

第二，城市社区的发展演变，不仅造成物质空间的改变，也造成社会空间的变化。当聚落的物质空间扩大时，社会空间并非随之扩大，而是产生了裂变和分化，由此形成相应社会行为和社会关系下的社会群体。

第三，城市聚落的空间形塑存在着"离合现象"。当物质空间发展到一定规模时，其内部原有的社会空间会形成一种离心力，脱离于原正境的境域，形成分境或独立的境域。新境域内部又产生一种聚合力，形成一个独立的社会空间单元。

第四，空间是物质运动和存在的方式，既没有脱离空间的物质运动存在，也没有脱离物质运动的空间存在。空间和物质运动之间相互依存，密不可分。列宁认为，世界上除了运动着的物质之外，什么也没有，而运动着的物质只有在空间和时间之内才能运动。物质随着时间在运动发展的过程中，产生空间的变化。[①] 宁德县城的聚落社区空间主要有两种形式：一是由具象的街、巷、弄所形成的物质空间，二是由抽象的社会行为、社会关系所形成的社会空间。随着物质空间的扩大，原有的社会空间也随之分化，产生了新的社会空间单元。这些新的社会空间单元将原有的社会空间进行切割，形成新的聚落空间格局。由此可见，宁德县城的聚落形态存在着物质空间与社会空间的"离合运动"现象。

第四节　乡镇聚落的"境、堡"与"房境"

在我国目前的行政区划层级中，市、县以下的区划单位依次是镇、乡、村。其中，村又有行政村与自然村的区别，而乡和镇是同级行政单位。一般而言，镇的规模较大，人口数量较多，非农业人口占比高，工商业相对发达。按照现行标准：总人口在 2 万人以下、乡政府所在地非农人口在 0.2 万人以上，或总人口在 2 万人以上、乡政府所在地非农人口占全乡人口的 10% 以上，则由乡制改为镇制。可见，乡和镇主要是根据国民生产总值中工农业的比重以及居民数量等指标来设立的。乡的大多数居民是农村户口，以农民为主；镇的大多数居民是非农户口，以市民为主。

就居民的社会结构而言，由于乡和村落较为接近，故将二者划归为同一类型。因此，本研究以城市、乡镇、村落作为研究对象。乡镇聚落不仅具有村落聚落的社会构成，而且具有城市聚落的部分功能属性，是兼具城市与乡村特质的聚落。乡镇聚落与城市聚落的物质空间与社会空间既有相似之处，也有不同之处。如乡镇具有和城市一样复杂的姓氏构成，而二者的区别在于，乡镇聚落通常有一个或几个大姓族群，这些大姓族群聚族而居，形成一个较大的社区空间。乡镇聚落既具有村落聚落聚族而居的特点，又具有城市聚落不同姓氏杂居的特点。

福建省的许多乡镇聚落，均是按照宗亲关系来划分居住空间单元，由此形成独立的"境"的。在宗族社区的空间区划中，有的大家族又依据不同的房份，按照长房、二房、三房的顺序成若干个小"境"。下面，以境域形态保存完整的蕉城区杉

---

① ［俄］列宁：《列宁选集》第 2 卷，中共中央马克思恩格斯列宁斯大林著作编译局译，人民出版社，1973，第 127 页。

洋镇与霍童镇为对象，阐述宁德地区乡镇聚落的形态特征。

一、杉洋镇"四姓八境"空间体系

杉洋，古代又称"三阳""蓝田""杉关"等。位于宁德县城西北部，东接宁德，西界鹤塘，南邻罗源，北靠屏南。唐天宝十四年（755）、唐中和元年（881），余氏、李氏等望族南迁的入闽始祖，先后在此卜居，开辟家园；后晋天福二年（937）、清康熙二年（1663），彭氏、林氏望族始祖也迁入境内。余、李、彭、林四姓划区分居，逐渐形成了"四姓八境"的街巷格局，奠定了今天的乡镇聚落格局。

杉洋虽然地处山区，地理环境相对闭塞，但是"路通九县，界连三郡，实上下之咽喉"，故是古田在大东山区的重要居民点，又是闽东北地区最重要的山城重镇之一。宋代设置巡检司，明弘治年间（1488—1505）营建杉洋三里石城，清咸丰八年至九年（1858—1859）重修城垣。杉洋镇是明清时期，古田县除县城之外的唯一一座城池。[①]1953年，拆除城垣，在城区的东西轴线扩建中心街，城区被一分为二，沿中心街形成南北城区。在杉洋镇的中心位置——中心街中段（古称"仁政街"），有座始建于南宋、重建于清乾隆廿六年（1761）的槐庙。相传，该庙与南宋兵部侍郎杨易有关。杨易被贬谪到杉洋后，积劳成疾，殁于槐树旁的衙所，其舍人盘缧箔自刎殉主。杉洋百姓为纪念二人，在槐树下建庙以崇祀，号为"杨公庙"。后来，当地民众又在杨易守卫过的杉洋东山岭头堂隘口建东山祖庙，奉为三十六都蓝田界内都城隍，尊称杨易为"杨相尊公"。清末民初，当地乡绅重建槐庙，改其名为"蓝田乡约堂"，作为乡民议事、集会、观戏、请神的重要场所。

历史以来，杉洋镇的四姓宗族和谐共居，并按宗族、房份形成八个社会空间（见图4-17）。八个境域的民众均奉杨易为地方神，以"蓝田乡约堂"作为协商议事、公共活动的中心。

---

① 李扬强：《蓝田引月》，福建省地图出版社，2011，第9页。

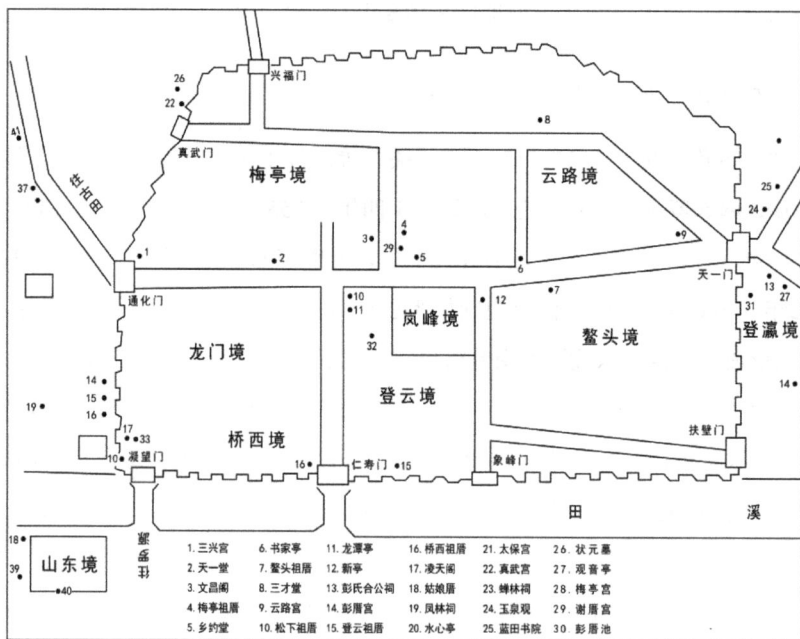

图 4-17 杉洋各境与清晰明确的分界道路 [①]

（一）四姓房境"序列式"的空间发展关系

杉洋镇的四姓宗族聚族而居，划区了各自宗族的居住领地，形成了血缘关系下的社会空间。由于余氏最早迁入该地，且人口众多，故按房份分为四境，当地民众称之为"一姓四房分四境"。每一境属于一宗房系，当地民众称之为"房境"。此外，李氏宗族也有两处"房境"，再加上彭、林两姓各有一处"房境"，最终形成了"四姓八境"的街巷格局。"八境"分别是：梅亭境（余氏梅亭房）、云路境（余氏云路房）、桥西境（余氏桥西房）、登云境（余氏后路房）、鳌头境（李氏路头房）、龙潭境（李氏龙门房）、登瀛境（彭氏）、岚峰境（林氏）。

如前所述，余姓作为杉洋镇的第一大姓，又分为四房，一房一境。其中，桥西与登云二境相互毗邻。李姓作为杉洋镇的第二大姓，又分为二房，遂成两境。李氏两境原本毗邻，后来其中一房因衰败而将土地转让给了林姓。因此，在李氏两境之间，隔着林氏的岚峰境。

---

① 杉洋镇余增福绘制。

　　笔者根据田野调查所获得的资料，绘制出杉洋各境域的分布图和各境亭的位置（图中的黑点位置）。杉洋各境域的领域范围以街道、路巷为界，以界亭[①]为标志。其中，龙潭街、新亭街、后街路为四姓八境的分界线。阁下弄、林厝弄、湖边弄、天一弄、三才弄、人房弄等，则是各境域内部的主要巷弄通道。在杉洋镇"四姓八境"的空间格局中，以龙潭街为界，在各境域内部又形成高度密集的次一级巷弄（见图 4-18）。

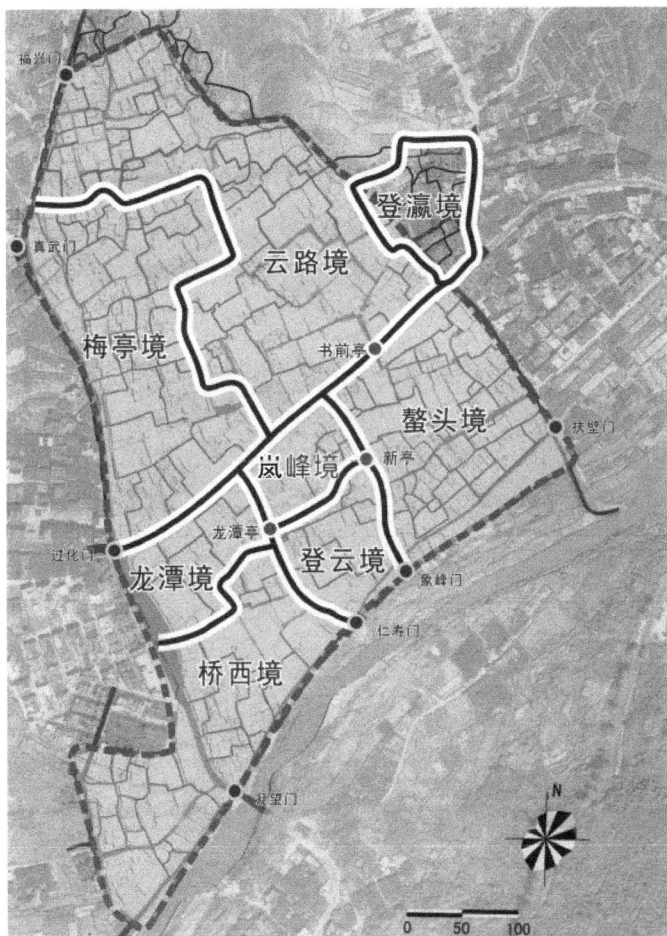

图 4-18 杉洋八境分布与街巷肌理图[②]

---

① "界亭"就是用来界定各境区划的亭子，在当地又称"过街亭"等。
② 本研究绘制。

　　笔者在 2013 年，曾以步测方式对杉洋镇内的全部街道巷弄进行了实地测量。测量结果为：全部街道巷弄的总长为 3700 米，为古城周长的 3 倍多。其中，在各房境内的巷弄总长为 2900 米，境域外沿的街道总长为 800 米。这就意味着，境域内部形成了渗透性很强的空间，境域外沿则形成了各个境域彼此隔离的领域空间。境域外沿的街道具有明确的分隔，既使得各境域的领域空间彼此隔离，又划定出各境域的领域范围。各境域内的巷弄非常密集且四通八达，为各境域的居民提供了密切往来的通道。这两种路网形态所形塑的聚落空间层次结构，可谓对比明显：境域外沿的道路彰显了各境域领域范围的界域感，境域内部的巷弄则形成了互动性极强的空间渗透。

　　有些境域的入口，还建有界亭作为内外空间切换的标识。如鳌头境境庙——"鳌头境"位于房境对外的主干道旁，且在路口设有界亭（见图 4-19）。对"境"外居民而言，其具有"显圣物"的神圣性；对"境"内居民而言，其是日常出入的社区大门。

图 4-19 鳌头境境庙及境亭 [①]

---

① 本研究摄于 2014 年 3 月。

需要明确的是，并非每个境域都建有界亭。笔者在综合研究历史建筑及街区分布的基础上，总结出界亭的三个特征：

1. 镇内的三座界亭皆位于异姓境域的交界处

以杉洋镇的中心位置——中心街为界，街北是余氏的梅亭境和云路境，街南是桥西境（余氏）、登云境（余氏）、鳌头境（李氏）、龙潭境（李氏龙）、岚峰境（林氏）。其中，龙潭亭位于龙潭境（李氏）东界、登云境（余氏）西界、岚峰境（林姓氏）南界，位于三境外沿边界道路的交汇处（见图4-20）。新亭位于鳌头境（李氏）西界与岚峰境（林氏）东界的交汇处。书前亭位于鳌头境（李氏）北界与云路境（余氏）的交汇处。这三座界亭都位于异姓境域的边界，强调了各自领域的界域范围，体现出强烈的宗族观念。

图4-20 位于三境路口交界处的龙潭亭 [①]

2. 同姓境域之间的主干道互通

同姓境域之间没有设置界亭。梅亭境和云路境的内部，后街路、三才路、人房厝路、书家前路形成一个环状道路，将两个境域连接在一起。桥西境和登云境则以

---

① 本研究摄于2014年3月。

龙潭街和千里路来连接。同姓境域内部的街巷弄，并没有形成明显的境域分隔，反而将相关境域连接起来，使他们更像同一个居住社区。

3. 每个境域都有通往外界的城门

杉洋镇的城墙建于明代，1953 年被拆除。杉洋的八境之中，除彭氏登瀛境因位于城外而没有城门之外，其余七境均有自己的城门。梅亭境的城门是真武门，云路境的城门是兴福门，鳌头境的城门是拱璧门，登云境的城门是象峰门，桥西境的城门是仁寿门与凝望门，龙潭境的城门是过化门，形成一个乡镇设八座城门的特殊现象。要知道，宁德县城和霞浦府城均只有四座城门。按《周礼·考工记》记载："匠人营国，方九里，旁三门。"都城仅设九门，而杉洋这个小乡镇竟然设了八门，实属少见。由于各境域之间相互独立，通过城门与外界联系，确保了境域的独立性和空间私密性。

4. 居于镇区中心位置的蓝田乡约堂

封建帝制时期，村落依靠乡民自治来维护乡村社会秩序的和谐稳定。其中，"乡约"是乡民自治的最重要方式之一。乡约即乡规民约，是邻里乡人互相劝勉、共同遵守，以相互协助救济为目的的一种制度。《周礼·地官·族师》曰："五家为比，十家为联，五人为伍，十人为联，四闾为族，八闾为联。使之相保、相受，刑罚庆赏相及、相共，以受邦职，以役国事，以相葬埋。"居于镇区中心位置的蓝田乡约堂（见图 4-21），就是八境居民协商议事、调解纠纷的重要场所。从物质空间来看，蓝田乡约堂居于镇区的中心位置；从社会空间来看，其是八境社会空间的交点。

图 4-21 蓝田乡约堂及其门匾拓片 [1]

---

[1] 照片来源：李扬。

（二）杉洋镇境域空间的演变规律

杉洋镇四姓八境的建筑空间与社会空间之间，存在着鲜明的对应关系。第一，杉洋聚落是由八个区块以"序列"式拼接而成的物质空间共同体。在完整的聚落物质空间形态下，各区块是分散独立的社会空间。第二，杉洋镇的四姓宗族聚族而居，划区了各自宗族的居住领地，形成了血缘关系下的社会空间。第三，八境的物质空间具有不同的形态特征。同姓境域之间没有界亭，境域之间的街巷也较为密集；异姓境域之间设有界亭，境域之间的道路界限分明，在境域之间形成明确的领域感。第四，境域外围以单一的街道划分出各自的界域，境域内部以密集的街巷形成联系紧密的物质空间。杉洋聚落虽然由八个境域空间拼接而成，但八境居民在共同的神明信仰下，其社会空间产生了交集。

二、霍童镇"境—堡"空间体系

霍童镇位于宁德市蕉城区西北部的霍童溪畔，居民来自周边的三十六个村庄。明嘉靖十三年（1534），大童峰鹤陀岩崩塌造成溪流改道，霍童溪畔的三十六村被大水冲毁。三十六村的幸存村民纷纷聚集到霍童村，在街尾一带建立同姓聚落，称之为"某厝里"。如郑厝里、黄厝里等。后来，居住在不同地段的宗族联合起来，在一定范围内建立宫庙，以消灾祈福。如谢氏、黄氏、钱氏、缪氏共建宏街宫，其居住社区界域被称为"宏街境"；章氏、陈氏、颜氏等共建忠义宫，其居住社区界域被称为"忠义境"。万全境、华阳境也是如此。

宏街境、忠义境、万全境、华阳境共同尊奉黄鞠为"开山黄公""土主神灵"，四境宫庙均奉黄鞠为境主神。此外，由于历史原因，霍童诸姓均有自己所信仰的神明。由表4-6可知，霍童四境共信奉七位神明：

陈靖姑，唐代福州下渡人，被敕封为临水夫人、通天圣母、顺懿元君、天后元君等。霍童村民称其为奶娘婆、陈大奶。

林亘，祖籍安邑芹洋境溪乾头（今福安市溪潭境内），后迁至周宁县马坑乡杉洋村。民间俗称"林公大王"，霍童村民称其为林公。竹木夫人，林亘之妻。事迹不详。

黄鞠，霍童开山始祖、土主神灵。性善夫人，黄鞠之妻。事迹不详。

五显大帝，又称五显灵官大帝、五行大帝等。生而神灵，能知休咎，死后被奉为神。

尤溪土主，事迹不详。

此外，卓、关、岩、万、罗等姓没有供祀神明，也没有入"境"。

表 4-6 霍童各境各姓主祭神

宏街境	万全境	华阳境	忠义境
黄堡 祭祀黄鞠	彭堡 祭祀黄鞠	陈堡 祭祀黄鞠	黄堡（上店） 祭祀黄鞠
谢堡（陈留郡） 祭祀陈靖姑	叶、钱、林三姓堡 祭祀陈靖姑	方、林两姓堡 祭祀陈靖姑	章堡 祭祀陈靖姑
钱堡 祭祀林亘	郑堡 祭祀林亘	郑、傅两姓堡 祭祀林亘	颜堡 祭祀林亘
缪潘堡 祭祀竹木夫人	—	彭堡 祭祀竹木夫人	林堡 祭祀竹木夫人
前头谢姓（江左郡）、 叶姓、傅堡 共同祭祀性善夫人	—	孙堡 祭祀五显大帝	陈堡 祭祀五显大帝
—	—	—	黄姓（下店）、吴姓堡 共同祭祀尤溪土主

隋大业年间（605—619），为避炀帝暴政，朱福、黄鞠先后弃官入闽。朱福早黄鞠十年入闽，定居霍童石桥。黄鞠初住七都阪，后因深爱霍童山水，商请朱福让地。朱福让出石桥后，迁往咸村。黄鞠为了答谢朱福的让地之谊，每年农历二月初一日（朱福的诞辰）都会迎请朱福回故居庆生。黄鞠迁居石桥后，开湖筑坝，大修水利，并将中原先进的生产技艺引入当地，极大地促进了当地生产力的发展。霍童村民为缅怀黄鞠的功绩，在万全境、华阳境、忠义境、宏街境四境宫内为他塑像祭祀，尊其为"开山黄公"。

黄鞠为朱福庆生的花灯，也很快传遍霍童四境，并流传至今。每年从农历二月初一开始，每境迎灯一个晚上，谓之"小迎"。每隔五年（逢甲、逢己），各境重复迎灯一个晚上，共八个晚上，谓之"大迎"。迎灯之日，每境都要抬出"土主"神像，面朝咸村方向，意为迎接朱福降临。农历一月三十日夜为众迎，四境民众抬出所有神像，以灯前导，按姓（堡）列队游灯。迎灯路线为：第一夜由阪头下霍童，第二夜华阳境，第三夜忠义境，第四夜宏街境（见图 4-22）。[①]

---

① 本研究摄于 2014 年 3 月。

图 4-22 霍童四境各姓（堡）游神 [①]

（一）四姓房境"序列式"的空间发展关系

霍童镇四境的体系结构，并非按照"序列"式，从一个境域演变至多个境域的递增过程，而是在同一个历史节点同时形成四个境域。霍童镇是一个多姓共居的乡镇聚落，城内共分为四境，各境内又按姓氏分为不同的堡。在这里，"堡"是指各个姓氏聚族而居的空间形态，人口较多的大姓可单独为一堡，人口较少的若干个小姓则合为一堡。霍童镇共有下列境堡：

忠义境：黄堡、颜堡、林堡、章堡；

华阳境：陈堡、郑堡、方堡、傅堡、汤堡、孙堡、林堡；

宏街境：谢堡、谢叶傅堡、缪潘堡；

万全境：郑堡、叶堡、林堡、钱堡、彭卢堡。

霍童镇内的诸多姓氏在"境—堡"体系下，形成了井然有序的空间秩序和划分

---

① 本研究摄于 2014 年 3 月。

明确的人群关系。"境—堡"是民间约定俗成的，用于定义空间和管理人群的制度体系。霍童诸姓以神缘划分社会空间，以血缘关系形成单姓堡，以地缘关系形成多姓堡。本研究通过田野调查发现，同姓宗亲虽然并非都会聚居在一起，但通过"堡"这一纽带，同姓宗亲的社会活动仍紧密联系在一起。

以忠义境为例，从该境宫庙张贴的"忠义境收付开支公布"（见图 4-23 左）可见，忠义境共有章堡义房、章堡业一房、章堡业一（二）房、章堡业二房、颜堡、下店黄、上店黄、外陈、林堡、里堡、吴堡 11 个收支单位，以大姓之分房（如章堡业一房）或小姓之宗族（如林堡、吴堡）为人群单位。"忠义境陈姓癸巳年福名单"（见图 4-23 中）上，记录有各户男丁数和添丁数，相当于每年一次的人口统计。表 4-8 记录了 9 户家庭中，每户的男丁数以及当年新添的男丁数。当年新添 1 名男丁，每户需缴纳 100 元，原有男丁为每人 50 元。可见，境庙具有人口统计、组织和管理社会公共活动的作用。

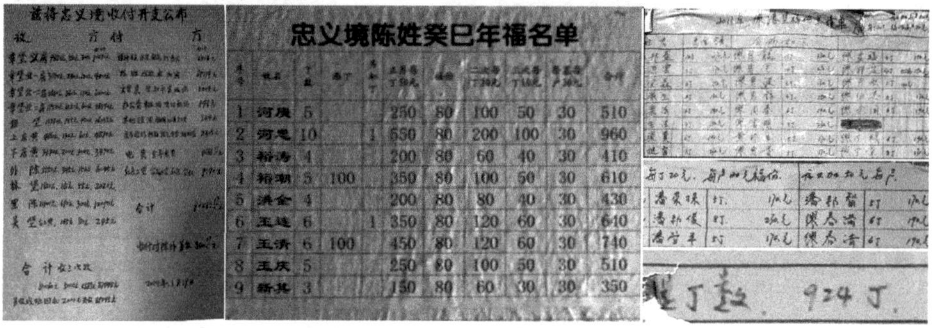

图 4-23 忠义境各堡收付情况（左），

忠义境陈姓癸巳年福名单（中），缪潘堡 2013 年福份清单（右）[1]

表 4-7 忠义境各堡收付情况[2]

收方	付方
章堡义房 9350 元 580 元 300 元 10230 元	请神开支、水果、灯、香火 2504 元
章堡业一房 3840 元 240 元 120 元 4200 元	戏班加演 69774 元
章堡业一二房 5670 元 360 元 170 元 6200 元	火柴、炭、扫帚 1214 元
章堡业二房 19520 元 1220 元 600 元 21340 元	办公费、单据凭证、标语 148 元

① 本研究摄于 2013 年 1 月。

② 本研究整理制作。

续表

颜堡 15330 元 955 元 450 元 16735 元	其他开支（酒、灶具、灯头）534 元
上店黄 4680 元 130 元 60 元 4870 元	虎马迎灯转子、车费、** 袋 2305 元
下店黄 3170 元 200 元 100 元 3470 元	全年电费 4666.17 元
外陈 5550 元 345 元 150 元 6045 元	红包工资、红包贺仪 9140 元
林堡 1850 元 115 元 55 元 2020 元	
里陈 11100 元 690 元 300 元 12090 元	
吴堡含上黄 165 元 80 元 245 元	
合计 收三次 80060 元 5000 元 2385 元 87445 元 另收戏班回扣 2000 元 共收 89445 元	合计 90285.17 元 收付对除差收 840.17 元

表 4-8 忠义境陈姓癸巳年福名单 [①]

序号	户主	男丁数	添丁	另加丁	正月每丁 50 元	福份	二次每丁 20 元	三次每丁 10 元	祭幕每户 30 元	合计
1	河庚	5	—	—	250	80	100	50	30	510
2	河忠	10	—	1	550	80	200	100	30	960
3	裕涛	4	—	—	200	80	60	10	30	410
4	裕潮	5	100	—	350	80	100	50	30	610
5	洪金	4	—	—	200	80	80	30	30	430
6	玉连	6	—	1	350	80	120	60	30	640
7	玉清	6	100	—	450	80	120	60	30	740
8	王庆	5	—	—	250	80	100	50	30	510
9	新其	3	—	—	150	80	60	30	30	350

霍童镇的"境—堡"空间体系，具有如下结构关系：

第一，历史上的三十六村先是整合为一个聚落，后来则依据人群分布和人口数量，自然划分为四个境域。可见，境域并非没有绝对的空间体量，而是依据人群对空间的主观感知所形成的领域范围。

第二，"境—堡"现象，反映的是聚落的空间形态结构。"境—堡"空间的上位，是以神缘划分的四个社会空间，作为镇区次一级的空间层级单位而存在；

① 本研究整理制作。

"境—堡"空间的下位，是以姓氏为单位形成的"堡"，由此形成了神缘与血缘相结合的聚落空间结构层级。即镇（行政）→境（神缘）→堡（血缘）。

第三，"境—堡"在物质空间的形塑上呈现出不同的特征。霍童镇于明嘉靖十三年（1534）聚集了三十六村的人群，形成新的物质空间，后来又自然划分为四个境域，四个境域之间并没有明确的界域划分。各境内以姓氏为单位形成的"堡"，则具有明确的界域划分。由此可见，"堡"最早是依据社会关系形成的居住社区，是在社会空间作用下形成的物质空间。换言之，"堡"这种具有明确界域划分的物质空间，实质上是不同人群构成的社会空间。

第四，霍童四境形成初期，各境内以姓氏为单位划地而居。"某厝里"就是某姓宗亲的聚居之地。后来，由于人口的流动、居住地的变迁、姻亲关系的变化等，各姓不再聚族而居，而是杂姓混居。例如，郑厝里原为郑氏族人的居住社区，由于郑氏族人的大量外迁，如今仅存一座祖屋（见图 4-24）。郑氏后裔虽已散居于镇区的各境之中，但通过以"堡"为单位举办的民间活动所构成的社会空间，原来的宗族社会关系得以延续下来。这就意味着，"堡"的物质空间形态虽然已经消失，但其社会空间依然存在，只是其社会空间不再是完整的形态，而是分散的状态。

图 4-24 霍童镇区郑厝里 [1]

---

[1] 本研究摄于 2014 年 2 月。

（二）霍童镇境域空间之演变规律

霍童镇"境—堡"所形塑的物质空间与社会空间的演变规律，可归纳如下：

第一，霍童因短时间内聚集大量人群而形成新的物质空间，后来又自然划分为四个境域。在四个境域内部，依据族群关系进行二次划分，形成以大姓宗族为单一聚居单位、小姓宗族合居的社会空间形态，并产生了相应的物质空间——堡。

第二，不同姓氏构成的境域之间界限模糊，甚至产生交集。境内各堡之间却界限分明，以"某厝里"为标识，强调各堡之间的物质空间划分。

第三，"堡"最早是依据社会关系形成的居住社区，是在社会空间作用下形成的物质空间。如今，"堡"的物质空间形态虽然已经消失，但原来的宗族社会关系依旧存在，形成了一种不依附于物质空间的、分散的社会空间。每逢节庆，这种社会空间便会凸显出来。

第五节　村落聚落：一村一境、一村多境、多村一境

一般来说，城市和乡镇聚落的人口构成、族群关系往往纷繁复杂，村落聚落的人口构成、族群关系则相对简单。村庄聚落可分为单姓村、主姓村、多姓村三类。其中，单姓村一般是一村一境，即使出现多境，通常也是由各房组成的房境。主姓村以一姓为主，其余各姓占少数，通常也是一村一境。多姓村中，各姓氏的占比差别不大，且各姓自成一境，形成一村多境。本研究在田野调查中，也发现有多村一境的案例。一些人口少、经济落后的村庄，因无力自建宫庙，便共建一庙。此外，一些村庄形成经济合作共同体后，往往共建"社区庙"，并以社区庙为纽带，将各境的社会空间整合起来，形成一个有机联系的空间共同体。

下面，本研究以后山村、廉村、松山村、阳头村、南门四村、亭基坪村、古溪村、柘荣十三境为案例（见表4-9），对一村一境、一村多境、多村一境所呈现的空间现象进行探讨，总结村落聚落的发展规律。

表 4-9 后山村等八村境域概况及境域类型 [①]

村名	境域概况	境域类型
后山村	地处山区，位于宁德城市郊区。沈海高速从村落贯穿而过，将村落的物质空间切割为两个部分，呈现单境村落物质空间被切割分化的聚落空间形态结构	一村一境
廉村	地处平原，位于宁德城市郊区。物质空间保存完整，社会结构稳定。随着人口的迁居，村落社会空间以分房的方式分化为两个部分，呈现单境村落社会空间被切割分化的聚落空间形态结构	一村一境
松山村	地处海岸，位于霞浦县郊。该村产业以渔业为主，受渔业活动的影响，形成生产社会空间和生活社会空间的划分，呈现社会行为对单境聚落空间形态的影响	一村一境
阳头村	地处河岸，位于福安城市郊区。村落的主要路径、边界、区域、节点等处设置有境石等标志物，呈现聚落空间范围和聚落物质空间的领域特征	一村多境
南门四村	地处宁德外缘。原位于城乡结合区域，随着城市规模的扩大，四村逐步被纳入城区之中，四村也随之由散村形式向集村形式过渡，呈现单境村落空间形态的整合现象	一村一境
亭基坪村	地处宁德郊区，位于山坡台地与平地的结合区域。原是单境聚落，随着村落人口的增多，在平地区域形成分境，村落也由单境转变为双境，呈现正境、分境所形塑的聚落空间形态	一村多境
古溪村	地处宁德郊区，原位于海岸附近，随着围海造田工程的推进，该村的产业形态由渔业和农耕并存转变为以农耕为主。为了调和因土地纠纷引起的矛盾，三境在和谐共生的目标下，共同组成了"古溪合境"	一村多境
柘荣十三境各村	地处柘荣郊区，各境大多由两个以上的村落组成，各境在共同信仰下，形成一个共同社会行为下的社会空间，进而影响区域聚落族群的空间形态	多村一境

一、村落聚落中的境空间体系

村落聚落中，与"境"相关的常见"显圣物"有境庙、境门、境石、迎神道 [②] 等。许多宫庙、神像都是 20 世纪 80 年代以后所建，不少信仰仪式的内容、流程等均已失传。再加上村落的地方志记载相当匮乏，不像州志、府志、省志那样系统完整，因此无法获得有关"境"的完整史料。但是，村落聚落中保存着许多与"境"文化有关的"显圣物"以及围绕"显圣物"进行的一系列仪式活动。从"显圣物"入手，可以了

---

① 本研究整理制作。

② "迎神道"是指在境主公绕境之前，在村内主要道路的上空披挂红色布匹。如此一来，境主公巡行时，头顶上空不见天空。因此，在当地又称"不见天"。

解当地民众文化意识下的空间认知，诠释民众意识形态对于村落空间的形塑方式。

（一）一村一境

一村一境既是闽东地区最普遍的境域类型，也是福建农村地区最常见的境域形式。单境村落通常呈现出强烈的界域感，通过具象的"显圣物"与抽象的信仰仪式来强调境域的空间独立性。聚落范围扩大后，不仅"显圣物"所界定的有形物质空间会随之扩大，而且绕境等仪式定义下的社会空间也会随之扩大。

1. "显圣物"对村落物质空间的界定

宁德地区的村落聚落主要是通过境门、迎神道（见图 4-25）等"显圣物"来界定村落的物质空间，并强化神佑范围的。换句话说，"显圣物"在对村落的物质空间和神圣领域进行界定的同时，也达成了对村落人居环境的自我定义。

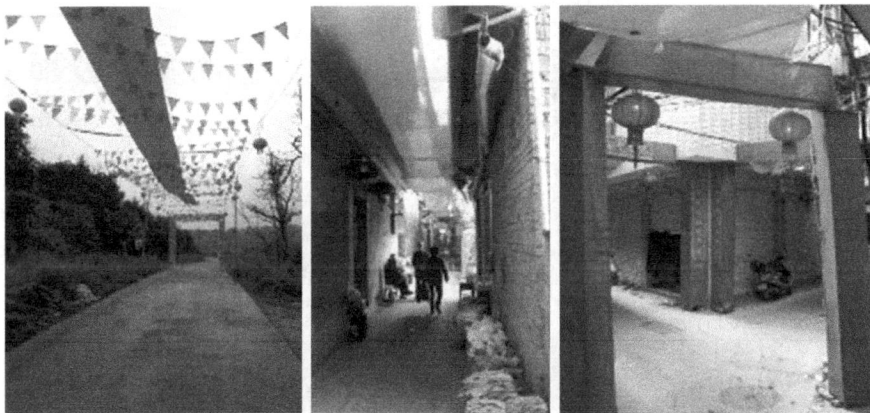

图 4-25 俞山村（境）、濂川村（境）、汤湾村岔路口迎神道、境门 [①]

后山村（又称"牛栏头境"）位于宁德县城的西北方。104 国道鹤峰路段修成后，将后山村沿南北向一分为二，村内三条主干道与国道的交接位置，成为村落的主要出入口。因此，后山村的三个路口都设置有境门（见图 4-26），各境门之间都有"神道"相连。每年农历正月期间，当地民众都会举行境主神巡境活动，在世俗生活的场域之上定义了一系列的神圣空间，进而构成民众精神生活的心理空间。

境主神巡境的前一天晚上，当地民众要举行赤白二爷巡街仪式（又称"伯爷查夜"），为境主神巡境扫清道路（见图 4-27 左）。境主神巡行至境门（见图 4-27 中）

---

① 本研究摄于 2014 年 1 月。

时，会多停留一段时间。夜晚来临时，民众将贡品放于"神道"之下，以犒劳神明。当地民众称之为"吃供"（见图 4-27 右）。

图 4-26 牛栏头境三处境门 [1]

图 4-27 保安境主神巡境前夜之伯爷查夜（图左），
巡境当日之境门仪式（图中），巡境当夜之神明"吃供"（图右） [2]

　　单境村落中，当地民众在"合境平安"的诉求下，借助"显圣物"界定了神佑领域的神圣空间。换句话说，"显圣物"及其仪式对村落世俗生活场域的再定义，形成了神圣领域。福安市阳头村境石的发现，形象且集中呈现了这一空间文化认知。2012 年年末，一些工程人员在阳头村附近施工时，意外发现一块高 1.5 米、直径 0.6 米，形似男性生殖器官的石碑，上书"大巷境立"（见图 4-28）。笔者前往当

---

① 本研究摄于 2013 年 2 月。
② 本研究摄于 2014 年 2 月。

地进行田野调查时，并没有发现聚落存在的痕迹。通过采访原村落耆老得知，不知哪一年，当地闹过一次大水患，村落被洪水冲毁后，村民们整体搬迁至他地。关于境石，当地流传着一个传说。有一年，该村许多青年男子不知染上何种疾病，先是脸色蜡黄，精神憔悴，不久便不治而亡。当地民众认为，是附近的美女山吸走村内男子的阳气所致（见图4-29），便在毗邻美女山的村口处设立境石，保佑村民平安。据福安市档案馆馆长张玉文口述，清朝时期，该村许多男子染疾而亡，病因不明，疑似美女山作祟，故请法师除灾灭患。

图4-28 福安阳头村附近出土之"境石"，上书："大巷境立" ①

图4-29 福安城郊之美女山 ②

---

① 本研究摄于2013年1月。
② 本研究摄于2013年1月。

以神明、境庙为核心的神圣空间，是以境门为边界领域、以境石为贞定物的神圣领域。在一村一境的聚落中，"显圣物"是观察聚落形态变迁的重要参照物。随着聚落物质空间场域的扩大、人口的增加，不仅"显圣物"的位置随之发生改变，神圣仪式所定义的社会空间也随之改变。

2. 仪式对村落社会空间的界定

（1）廉村

廉村原名石矶津，位于福安市区西南 15 公里处。唐神龙二年（706），薛令之赴京应试，一举登科，成为福建历史上第一位进士。薛令之及第后，授官左补阙、太子侍讲。唐肃宗即位后，为嘉许薛令之的廉洁清正、感念昔日师生之谊，而赐其所在村石矶津为"廉村"，水为"廉水"，山为"廉岭"，人称"三廉"。唐末五代（923—936），陈姓始祖怀玉娶薛族女子，遂定居廉村。此后，陈姓子孙繁衍，蔚成一方大族，而薛令之后人则迁至高岑村及外地。如今，廉村是陈姓聚居的单姓村，境庙称水南境，境主社头公为杉洋林公。清末，因税赋繁重、洪水侵扰，肇基祖第三房的后裔迁往廉村以北的后门山上居住。因此，廉村实质上由两个村落组成，一个是原有村落，另一个是肇基祖第三房后裔分房形成的后门山村。

每年农历正月初九，该村都要举行请神绕境仪式。2013 年农历正月间，本研究在廉村进行田野调查时，有幸见证了这一仪式。廉村组织了一支三十人的队伍，和本村的"鼓箫班"一起到周宁县杉洋林公祖庙迎请林公大王。需要指出的是，头一年成婚的青年都要加入迎请队伍。农历正月初十的丑时，迎请队伍在杉洋林公祖庙分香割火 [①]，仪式结束后返回村落，全村村民至十公里外的国道路口处迎接。该村绕境仪式的具体路线如下：

绕"分房"境：绕境仪式先在廉村以北的后门山村进行（见图 4-30）。

绕田境：田地位于廉村与后门山村之间，为两村共同耕作（见图 4-31）。

绕村外境：巡绕廉村城墙 [②] 一周（见图 4-32）。

绕村内境：巡绕廉村内部的所有街巷（见图 4-33）、村内十座宫庙（见表 4-11）

---

① 各境民众从祖庙取出一撮香灰用红纸包好，和符一并放入香火袋中，待分灵神像回去时，将其挂在脖子上，寓意着把恩泽带回家，即"割火"。

② 历史上，廉村村民为抵御倭寇入侵，设有城墙。如今，东城、西城、北城的城门附近仍残存有部分旧城墙。

和三座陈氏祠堂①。

入宫：将林公大王神像及其香炉迎请入境庙内（见图4-34）。

图 4-30 境主神绕"分房"境②

图 4-31 境主神绕田境③

---

① 村内共有四座祠堂，分别是一座宗祠，三座支祠，由于二祠已毁，仍在重建之中，故绕境未经过其原址。

② 本研究摄于 2013 年 2 月。

③ 本研究摄于 2013 年 2 月。

图 4-32 境主神绕村城墙 [1]

图 4-33 境主神绕村内境 [2]

[1] 本研究摄于 2013 年 2 月。
[2] 本研究摄于 2013 年 2 月。

图 4-34 境主神入境庙 [1]

表 4-10 廉村绕境时经过的宫庙 [2]

寺庙名	修建时间	主要神祀
忠平宫	初建于明天顺元年（1457），万历年间被洪水冲毁，乾隆二十二年（1757）重建，后遭台风刮塌，1998年重建，2004年重修	林公大工（又称"林公忠平侯王"）
后湖宫	始建于宋，乾隆四十二年（1777）、道光五年（1825）、1993年分别重建	薛令之、薛芳杜、林公大王和华光天王；临水夫人陈靖姑、李三娘和林九娘（村民尊称三人为"三奶夫人"）
仙公宫	始建年代不详，1982年重建，1984年重修，2004年重修	五谷真仙与土地公
天后宫	始建年代不详，清乾隆四十七年（1782）重建，民国重修，1992年以后多次重修	妈祖
小妈祖宫	始建年代不详	天后圣母妈祖娘娘
土地宫	始建年代不详	土地公
小林四相公宫	始建年代不详	林四相公
潭头林四相公	始建年代不详	林四相公
潭头土地宫	始建年代不详	土地公

---

① 本研究摄于2013年2月。

② 本研究调查整理。

根据地点的不同，廉村绕境仪式分为绕分房境（后门山村）、绕田境（廉村与后门山村之间）、绕村外境、绕村外境，显示出廉村的神圣空间具有明显的层级性：一、在分房聚落进行绕境活动，将神佑范围涵盖至后门山村，是对分房境域的神圣空间的界定；二、在村外田地进行绕境活动，祈求风调雨顺，是对生产用地的神圣空间的界定；三、在城墙进行绕境，是对村内生活区域与村外生产区域的划分；四、在宫庙、祠堂进行绕境，加强了境主神与各宫庙主祀神的联系，彰显出村落受到各宫庙的共同保护。

由廉村绕境仪式对神圣空间的界定，可以看出绕境仪式定义的神圣空间并非固定不变，而是根据村民的行为活动而发生改变，并呈现出不同的层级。廉村村民村内的神佑领域是由境庙界定的（见图 4-35）。位于村子东西两侧主要入口的后湖宫和林公庙、位于兴门口的五谷真仙庙这三座宫庙形成了村民的心理安全领域。非常态性的绕境仪式赋予神圣意义的农田空间与分房村落，不在常态性宫庙构成的神圣领域的保护范围内。换句话说，村庄以外的生产田地和后门山村只有在绕境仪式时，才会获得神力的庇护。

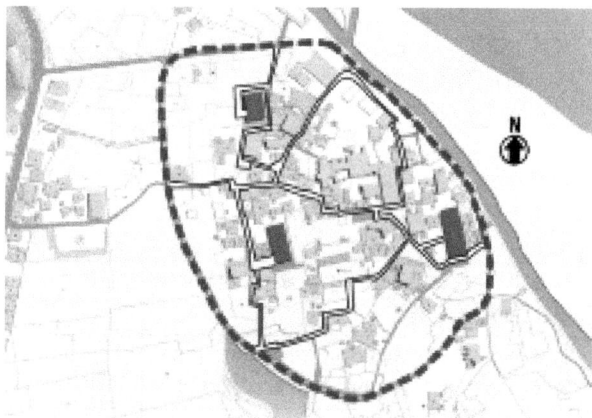

图 4-35 廉村三座宫庙之方位与城墙边界 [1]

---

① 本研究绘制。

神圣空间是相对于"显圣物"宫庙、仪式而存在的。从宫庙来看，位于村落内的宫庙形成对村落内部的生活区域的护佑，村落之外的生产区域以及分房村落则不在宫庙的护佑范围之内。从村落内部来看，宫庙是认知中的神圣空间，居住区域则是带着世俗生活色彩的非神圣区域。可见，神圣空间是相对于世俗空间而存在的。

"显圣物"界定的聚落内外空间，都具有"相对"神圣的概念。在"显圣物"划定的聚落边界上，对外是不利于人居的事物，对内则是受神力庇护的境域。与边界以外的环境相比，聚落内部是相对安全的。神圣空间中也存在着不利于人居的事物。从门楣上的门神、八卦牌、倒镜、狮牌，到墙、篱、厅堂的照墙、照屏等，都具有阻止外部邪物入侵的作用。由"显圣物"界定的房屋内部空间是相对神圣的，房屋外部则是世俗的。在房屋内部，相较于厨房等功能用房而言，祭祀祖先和神明的厅堂又是神圣空间。神圣既与世俗相对而存在，又与世俗在一定程度上糅合。因此，"境"空间的神圣性与世俗性是叠加与糅合的，神圣空间在聚落场域呈现出层级性。

廉村绕境仪式实质上是对村内各个功能组团分区进行界定。首先，对村外分房的居住社区领域进行游神绕境，不仅体现了对村外分房宗亲的人文关怀，还通过信仰仪式对村落内外的物质空间进行整合，以示神明护佑。其次，对村落外围的生产用地进行游神绕境，是对生产用地神圣空间的界定，并划定出生产空间与生活空间。最后，对村外城墙、村内宫庙和主要街道进行游神绕境，是对村落的居住空间、生产空间、主要社区、宫庙建筑等神圣空间的界定。由此可见，神圣空间是依附于世俗生活场域而存在的，神圣空间的界域具有层级性与相对性。

（2）松山村

相传，霞浦县松山村是"海上女神"妈祖的娘家。松山天后圣母行宫又称"妈祖行宫""靖海宫""阿婆宫"，位于松山村澳尾港的洄澜岸口、阿婆岗上，坐东朝西，依山面海而建。它始建于宋天圣年间，是继湄洲妈祖祖庙之后的第一个天后圣母行宫，故有"妈祖行宫之尊"的美誉。据《霞浦县志》《福宁州志》《福宁府志》《福建通志》《古今图书集成》等记载，霞浦松山天后圣母行宫"建自宋朝，在洄澜岸口"，"当巨澜之要冲，面向七星，座朝五虎"。清康熙五十八年（1719）重修后，其建筑面积达到600多平方米。如今，只留有天后圣母正殿。正殿不仅保留有明万历年间"福宁知州胡尔造""明福宁卫指挥张□□"，清康熙年间"总镇福宁左都督吴万福前重建"等多处题额，还有宋代妈祖护将金将军、柳将军雕像，清乾隆五十八年（1793）"靖海宫祀记"古碑和清代妈祖木雕像等珍贵文物。松山天后行宫是中国古建筑中规格较高的祭祀海神庙宇，每年妈祖诞辰纪念日前后，来松山天后行宫的海内外进香团络绎不绝，松山由此成为区域性的信仰中心。

图 4-36 霞浦松山天后圣母行宫 [①]

每逢农历"三月廿三"妈祖诞辰日和农历"九月初九"妈祖升天日，到松山天后圣母行宫寻根谒祖、割火过炉、祈祷平安的妈祖信众都络绎不绝。霞浦地处沿海，当地民众主要靠渔业生产为生，每年都会举行隆重的妈祖绕海境仪式。妈祖绕海境仪式分为"走水"和"抢水"两种，"走水"象征妈祖亲临海滨巡视，保佑渔业、养殖丰收；"抢水"象征妈祖所经之境，不但海产丰盈，而且人畜平安。霞浦沙江镇竹江村是一个海岛村，岛上民众都以海上养殖为生，信仰妈祖由来已久。每年农历"三月廿三"妈祖诞辰日，村民都要前往松山天后行宫朝拜妈祖，把妈祖神像抬出来巡游，举行一年一度的"渔村神会"。

农历"三月廿三"一大早，信众们便抬着端坐妈祖神像的神舆沿着街巷到各境

---

① 本研究摄于 2019 年 11 月。

巡安，神舆、仪仗队所到之处，香烟袅袅，爆竹声声。"渔村神会"的高潮，是午后的"妈祖走水"。"走"在当地方言中，是"跑"的意思。因此，"妈祖走水"就是抬着端坐妈祖神像的神舆在海边浅水处奔跑。竹江村后湾天后宫董事会会长郑寿本告诉笔者："走水为什么要用跑呢？妈祖圣母发现海上有危险，就抓紧时间去救人，所以说一定要跑。走水走到最尾的地方，要点三十六下，寓意一年三百六十五天风调雨顺，平安大吉"。

妈祖的诞辰日也是妈祖"出海探父救兄日"。第二天，"妈祖走水"仪式还要重复举行一次。涨潮时，村民们在鼓乐鞭炮声中，将黄、红、白、黑、青五条龙舟的龙首和龙尾抬到天后行宫进行清洗、祭祀，在龙首系上红绸带、插上妈祖令旗后，再将其重新安放到龙舟上。

轿手们身穿古装，敲锣打鼓，抬着端坐妈祖神像的神舆来到海边，把神舆抬到布置好的彩船上后，驾驶着彩船在海面上沿着村庄绕行。五条龙舟紧跟其后，鞭炮锣鼓齐鸣，形成"龙王朝圣母"的盛大场面。轿手们将神舆抬高又放下，反复蘸水12 次（旧俗为 36 次），谓之"安澜"。意寓波澜汹涌，借神力以安之。

霞浦周边的村落也有许多与妈祖信仰有关的民俗活动。例如，仙东天后宫的"妈祖压轿"（抢神轿）、"火烧炮杆"以及三沙天后宫的新船出航，都要举办妈祖巡游活动。妈祖诞辰日的绕海境仪式，主要分为以下几个步骤：

出宫：吉时一到，恭请妈祖出宫。出宫的时间每年并不固定（见图 4-37）。

图 4-37 妈祖出宫 [1]

---

① 照片来源：李松。

绕村境：抬着端坐妈祖神像的神舆沿村内主要街道，绕行村境一周（见图4-38）。

图 4-38 妈祖绕村境 ①

上彩船：海水涨潮时，村民抬着端坐妈祖神像的神舆来到码头，将神舆抬上早已布置好的彩船（见图4-39）。

图 4-39 妈祖上彩船 ②

绕海境：在云幡、彩旗、宫娥、掌扇等队伍的护送下，妈祖金身彩船巡海一圈，历时两个小时。附近聚落有船的渔民，也驾船跟随妈祖金身彩船前行（见图4-40）。

---

① 照片来源：李松。
② 照片来源：李松。

图 4-40 妈祖绕海境①

"四海龙王朝圣母"：四条在龙首处系有红绸带的龙舟，从东西南北四个方向朝妈祖金身彩船缓缓驶来，寓意四海龙王向海神妈祖朝拜（见图 4-41）。

图 4-41 四海龙王朝圣妈祖②

下船：巡海结束后，村民们将端坐妈祖神像的神舆抬高又放下，反复蘸水 12 次（旧俗为 36 次），寓意妈祖保佑村民们在未来的一年内出海平安顺利（见图 4-42）。

---

① 照片来源：李松。
② 照片来源：李松。

图 4-42 妈祖下船蘸水 [①]

与闽南一些聚落的绕境仪式相比，松山的妈祖绕海境仪式所界定的神圣领域呈现出三个空间结构特点：一、闽南一些聚落的绕境仪式仅局限于村落内部的生活环境，松山妈祖的"走水"仪式不仅包括村落内部的生活环境，还包括了村民赖以生存的海域；二、绕海境时，妈祖金身所界定的神圣领域仅指靠近村落的海域。随着渔业范围的不断扩大，村民在海上的生产空间随之扩大，松山村及其附近聚落请四海龙王朝拜妈祖，将神圣空间扩展至绕海境以外的海域范围；三、巡海结束后，村民们将端坐妈祖神像的神舆抬高又放下，反复蘸水三十六次，以示这片海域在未来的一年里仍受到妈祖神力的护佑。

松山妈祖绕境仪式所定义的神圣空间，是以世俗生活和生产空间为基础，通过仪式达成神圣领域在空间和时间上的扩展和持续。换言之，神圣空间具有世俗的生活性、空间的扩展性和时间的延续性。此外，由于捕鱼海域的变化，松山妈祖绕境仪式的路径发生了变化。生产空间作为聚落的一个组成部分，随着聚落的发展而变化，绕境方式的路径也随之改变。

3. 境庙神明阶位对聚落形态的影响

黄岳被宁德县城及周边地区的民众奉为地方保护神，当地方言称"社头公（翁）"，又称"土主"。黄岳生前乐善好施，救助百姓，为感念其功德，当地民众在其卒后建立宫庙祀奉。本研究调查发现，目前以黄岳为主祀神的分香宫庙在宁德市有五十座，福安市有一座，霞浦县有一座，福州市罗源县有六十三座，连江县有

---

① 照片来源：李松。

一座（见表 4-11）。分香宫庙大都以总庙为源头，通过分香割火的形式获得地方神明的庇佑。总庙又称为"土主第""社头庙"等（见图 4-43）。"第"是官府大宅的意思，"土主第"近似于土主居住的地方。在一定范围内的各境以唯一的社头庙为总庙，在总庙分香仪式下又产生了神位等级下一级的宫庙，总庙与其分香宫庙形成"祭祀圈"。时至今日，"祭祀圈"的界限依然很清晰，宁德县城及其周边地区关于总庙与分香宫庙的位阶依然存在。

表 4-11 宁德地区及周边忠烈王黄岳庙 [①]

宁德市	城区	碧山街麟祥境（土主官）、古溪村古溪合境、筱场村龙门正境、下宅园村龙光正境、学前街鹏程正境、鹤山路鹤山境、打石坑村仙霞正境、岐头鼻村仙霞境、洋尾村湖头境、洋尾村回龙境
	二都镇	二都村仙泽境
	三都镇	城澳村城澳正境、新塘村桃源境、象溪村象溪境、礁溪村龙溪境、里沃村龙盘境、玙溪村玙溪正境、黄湾村兴源境、港口村东岸正境
	七都镇	三屿村白鹤境
	九都镇	贵村贵源境、扶摇村扶摇境
	虎贝镇	岩柄村山西境
	金涵乡	上金贝村塔坪境、金溪村福灵镜、琼堂村琼堂境、金涵村涵道境
	漳湾镇	半山村中山境、上尾村俞山境、汤湾村鹤东境、上塘村郑乡境、鸟屿村吉屿境
	霍童镇	湖头村仙湖境
	洋中镇	富贝村宦溪境、梧洋村梧洋境、滕村村滕村境、洋中镇莒溪村嘉林境、洋中镇光澳村大和堂境
	飞鸾镇	筹竹坪白鹤宫、碧山街土主第、澳里村凌洋境、碗窑村杨溪境、亭洋村牛洋境、塘田村塘田境、骑龙岗村金峰境、梅田村梅溪境

[①] 本研究整理绘制。

续表

罗源县	洪洋乡	大目村大目境、樟溪村樟溪境、曹营村曹营境、水里村水里境、东山村东山境、石塘村石塘境、上厝坪村上厝坪境、下厝坪村下厝坪境、秋岭村秋岭境、穴里村罗坪峡山境、后洋村后洋境、洪洋村洪洋境、宫村村萧洋境、宫村村碑下境、宫村村山腰境、宫村村大山境、盾后村盾后境、溪门村溪门境、王谂村王谂境、南贝村南贝境
	起步镇	吾珠村吾珠境、外安下村中界境、田中村前溪境、水口洋村乌石境、欧厝里益叶境、内安下村中界境、蓝田村蓝田境、兰头村龙山境、蒋店村蒋店境、横路村徐仙境、杭山村杭山境、桂林村桂林境、桂林村上社片桂林境、古头石村古头石境、港头村丹山境、陈洋村陈洋坂境、潮格村潮格境、长艮村长艮境、水口洋村西洋境、曹垅村曹垅境、紫隆山村紫溪境、新岩村大著境、高洋村高洋境
	松山镇	白水村白水境、禹步村禹步境、下店村拜井里永安境、石门里村拜井里境、十一里村安祥境、上土港村上土港境、泥田村古夏井埭头境、跡头村跡头境、渡头村上埭境、渡头村下埭境、渡头村湖峰境、大获村章隆境、下土港村下土港境
	白塔乡	尖山村尖山境、塔里村上宅境、塔里村前林境、南洋村南洋胜境、南洋村麻竹湾境
	中房镇	下湖村胜前境、王沙村沙溪福源境
罗源县	碧里乡	西洋村西洋境、梅花村梅花境、西洋村施家坪境、西洋村黄土境、前洋村前洋境、廪头村廪头境、碧溪村碧溪境、东洋村东洋境、长基村桃溪境、里澳村碧溪境
	鉴江镇	铁香炉村铁香炉境、石芴里村石芴里境、际头村际峰境、纪坑村峰洋境、二村村南门境、程家洋村里厝境、程家洋村外厝境、东湾村招贤里境
	西兰乡	官洋村官洋境
连江县	马鼻镇	中段村端峰境
霞浦县	溪南镇	溪南村蓝溪境
福安市	下白石镇	渔村三十三都儒乡境

图 4-43 土主宫复原图[①]

　　土主宫，又称"碧山忠烈王庙"，在东门外碧山街头，是闽东忠烈王之祖庙。忠烈王庙是东门最早的一座宫庙，也是附近地区的总庙，因此又称"社头庙"。黄岳是唐末太学生，二都飞鸾人。王审知慕黄岳才华，命使者前往聘请。黄岳以忠臣不能事二主为由，率全家投于栖云龙潭（今飞鸾镇后山）。邑人感其忠义，立祠潭畔。南宋嘉泰四年（1204），知县郑革为了方便士民拜祝，将黄岳庙迁移至城关东门外，奉为土主，其宫称为"土主第"。土主宫坐西北朝东南，中轴线上依次为门楼、戏台、正殿、后殿。如今已不存。据《宁德县志》记载："忠烈王宫，在东门外碧山下，祀唐太学生黄公讳岳。"在宁德城南门外，也有一座社头庙——下马宫（见图 4-44）。据该宫碑文记载："黄公名岳，二都飞鸾人……乾宁中，王审知节度威武军，累辟不起，度无以脱，遂投渊死，父母、兄弟、妻子悉从之。自此，宁、罗二邑皆分灵百处，而分灵最先者，首推古溪下马宫，即县志所载之 忠烈行祠矣。"下马宫也是宁德城南门外古溪村三境的总庙，是古溪村三境"信仰圈"的精神核心和行为纽带。黄岳的弟弟——黄栾和黄岱的宫庙分别位于宁德南门兜的龙门境与龙光境，其神明位阶低于黄岳社头公的社头庙。

　　宁德城郊的许多境庙都有其区域性的中心庙，由此形成"社头庙→境庙群"的

---

　　① 资料来源：宁德市博物馆。

空间结构关系。"社"具有"土主"、"当境主"、地方保护神的意义。从社头庙与境庙的主庙和分庙关系来看，"社"又有一定的空间范围，社头庙之下的各境联合形成社区共同体，形成"信仰圈"下的社会空间整合。

图 4-44 宁德市内供奉忠烈恩王神位最高的宫庙 [①]

　　笔者对宁德地区的村落境庙进行考察后发现，绝大多数境庙都是 20 世纪 80 年代末以后新建的，剩下的境庙或是由旧境庙改建的，或是用废弃的办公楼改建的（见图 4-45）。由于没有金门地区"宫前祖庙后"之类的禁忌，宁德地区多在闲置空地新建宫庙，或在原有宫庙遗址附近重建宫庙。为数不多的旧境庙则因社区人口迁移，社区荒废，而无法研究境庙与聚落形态的对应关系。

　　下面，从宁德城南门外的四个村落从散村逐渐成为集村的聚合过程，阐述境庙、境域与聚落的发展关系。

---

　　① 本研究摄于 2016 年 1 月。

图 4-45 宁德贝富村仙溪境 [1]

宁德城南外门有四个村落，各成一境，分别供奉自己的境主神（见表 4-12）。灵杰侯王宫（见图 4-46 左上）之所以成为四境中位阶最高的宫庙，主要是三个方面的原因：一、龙门境灵杰侯王宫始建于 1513 年，是四座宫庙中建造时间最早的。二、黄峦是宁德土主黄岳的二弟，其神阶高于下宅园土主黄岱（黄岳之三弟）。三、宁德土主黄岳的土主第（总庙）远在古溪村，灵杰侯王宫自然被南门四境视为最高神阶的宫庙。

表 4-12 宁德南门四村各境、境主神 [2]

村名	境名	境主神
筏场村	龙门境	黄峦（灵杰侯王）
桥头下村	登龙境	陈靖姑（太后元君）
中南村	保安境	孙悟空（齐天大圣）
下宅园村	龙光境	黄岱（灵惠侯王）

---

① 本研究摄于 2011 年 2 月。
② 本研究根据实地调查整理而成。

图 4-46 南门四境宫庙牌匾 [①]

随着南门四个村落人口的增加，各村落的区域范围不断向外扩展，村落之间的空地逐渐减少，四个村落最终相互衔接，四个散村在物质空间上整合为一个集村。一方面，虽然四个村落的边界领域已经模糊，但四个境域的居民仍按照原来的境域来组织各自的仪式活动和社会活动。另一方面，整合之后的四个村落作为一个整体空间单位，参与城市区域范围内的仪式活动和社会活动。如城隍出巡绕境时，各境

---

① 本研究摄于 2018 年 12 月。

神明都要迎驾接圣，南门四村以龙门正境之灵杰侯王作为神明代表迎接城隍圣驾。在地方神明的共同信仰下，神阶较高的神明达成对各境社会空间的整合。以南门四村为例，神阶较高的灵杰侯王作为南门四村整合后的社区神，成为四村整合之后的空间符号代表。

南门四村随着物质空间的扩大，逐渐整合成为一个系统的聚落空间单位。这四个分散的村落整合为一个集村后，虽然对外呈现为一个社会空间整体，但是其内部依然以原有的境域为单位，组织和举行相关的仪式活动和社会活动。换句话说，南门四村整合为一个集村后，其内部依旧是以原来的境域为划分单位，形成了内外有别的社会空间形态。由此可见，聚落内部存在着物质空间与社会空间的统一与分化。

（二）一村多境

一座村落内存在多个境域，各境域发展的过程，也是村落内各社区形成的过程。在这个过程中，多个境域之间相互作用，并形成聚落的空间形态。相较于一村一境的空间形态研究，一村多境更为关注多个境域之间的关系研究。下面，透过各境域之间的空间关系，探讨一村多境聚落空间的构成规律和演变法则。

1."分境"对社会空间的分化

图 4-47 亭基坪村正境境庙（左）与亭基坪村分境境庙（右）[①]

---

① 本研究摄于 2018 年。

宁德市城郊金涵乡亭坪村（见图 4-47）的西面为自然村落，村落东面随着人口的增多逐渐形成新的居住组团，并以分香的方式设立境庙——"亭基坪境"。"亭基坪境"与总庙"亭基坪正境"名称的差别，不仅呈现出区域发展的空间层次性，也是同一主神"信仰圈"扩散的具体形式表征。"正境"之"正"字，强调的是该社区的正统性。每年的绕境仪式中，总庙神明的绕境路线会覆盖到全部社区，象征对一定地域范围内"信仰圈"的社会关系的整合；分境境庙的神明不仅要到总庙进香，其绕境路线也仅限于分境的居住社区。

按照神阶高低或神格主从关系，有境主庙与角头庙之分；按照聚落空间组团分化的先后顺序，有"正境"与"分境"之分。有时甚至用"上境""下境"等，来表述不同分境与唯一正境之间的方位关系。

在宁德地区的许多村落中，当一个境域扩大到一定规模时，原境域外围就会形成新的居住组团。当新的居住组团逐渐远离正境总庙的信仰中心时，就会建立新的宫庙。新的居住组团以分境境庙为中心，逐渐形成独立的境域单元。当以村落的名义组织和参加仪式活动和社会活动时，分境与正境是一个有机的整体，但是村落内部又分化成两个不同的社会空间。

2. "合境"对社会空间的整合

宁德市蕉城区古溪村以临水夫人陈靖姑为共同信仰，村内三个血缘族群构成三个境域——古溪正境、古溪元境及前浦境（见图 4-48）。每年正月，三境均以"古溪合境"的名义参加宁德中心城区的绕境游神活动。当地民众称，历史上，古溪村的两个族群为了争夺正统性，都希望冠以"正境"之名。经过官府裁定，较早来此处开基的那个族群被冠以"古溪正境"之名，另一族群则自称"古溪元境"。由于两族的长期斗争，严重损害了村内三境的共同利益，在村内耆老的调停下，三境共同形成"古溪合境"。每逢重大节日或活动庆典，三境作为共同团体参与对外仪式活动。如入城祭拜城隍、进香割火等以村为单位的祭祀庆典。平时，各"境"独立举办境内的祭祀活动。

图 4-48 古溪村古溪合境游神绕境之三境执牌与合境执牌 [1]

依据维克多·特纳的结构与反结构理论 [2]，人类社会关系有两种状态：日常状态和仪式状态。日常状态下，人们的社会关系保持相对固定和稳定的结构模式，即关系中的每个人都处于一定的"位置结构"。岁时节庆或其他特定仪式期间，日常状态中相对独立的家庭甚至相互对立的社会阶层会因节庆仪式而产生群体之间的黏合，达成暂时性的融合。仪式状态是处于稳定结构交界处的"反结构"（anti-structure）状态，而仪式过程就是转换仪式前后两个稳定状态的过程。古溪合境通过神圣仪式来淡化社区隔阂与族群层级差序，打破世俗空间的地域分隔，强调族群凝聚和地方社区认同，从而形塑统一的神圣领域。如在以"显圣物"境庙为核心的

---

① 本研究摄于 2013 年 2 月。

② Victor Turner, *The Ritual Process: Structure and Anti-Structure*(New York: Cornell University Press,1969),pp.103-109.

"绕境""建醮""吃头"等民俗仪式、信仰活动中，通过仪式调整社会层级差序，在各"境"内部形成一种反结构的作用力，把平时分立的家户和不同的社会群体联合起来，促进"地域"（locality）的团结与整合。台湾学者丁仁杰认为，"祭祀圈"具有展现地方集体"凝结"（solidarity）的作用，"信仰圈"具有表现区域"联盟"（alliance）的作用。亭基坪村与古溪合境的仪式活动兼具这两种功用，在仪式状态下凝集社会群体和整合地域空间。学界对于仪式的本质，可谓见仁见智。加拿大学者格兰姆斯（Grims）认为，仪式根源于生物现象和自然现象，是以客观环境为基础的。美国人类学家格尔兹（Geertz）将仪式称作一种"文化表演"，把宗教仪式看作是宗教表演，仪式是主观精神世界的再现。还有学者从自然、社会、宗教等面向提出，仪式是对客观世界的整合。

"境"是民间信仰挪用自宗教文化的概念，即用信仰文化中的主观空间对客观环境进行神圣定义，形成融合宗教神圣空间与现实人居环境的境域概念。人类学家认为，社会生活是由结构和反结构的二元对立构成的，神圣仪式是一种集体行为，它们把平时分立的家户和不同的社会群体联合起来，促进社会交往，强调的是一种社区的团结和认同，起到了整合的作用。

关于仪式的社会功能，英国人类学家拉德克利夫 - 布朗在《原始社会的结构与功能》一书中提出，在孔子的哲学体系中，音乐和仪式常被视为建立和维持社会秩序的重要手段，其地位甚至高于法律。乐是和谐、平等，礼是秩序、差别，礼乐相得益彰才是理想境界。此即《礼记》所谓的"乐者为同，礼者为异。同则相亲，异则相敬。乐胜则流，礼胜则离。合情饰貌者，礼乐之事也，礼义立，则贵贱等矣。乐文同，则上下和矣"。[1] 民间信仰所涵摄的儒家礼乐思想不仅是一种哲学思想，还是一种社会实践，是处理人与神、人与鬼、人与人三大关系的重要手段。[2] 换句话说，儒家的礼乐思想为人神鬼共生共存的空间观提供了哲学依据。一村多境的"合境"现象，反映的是神圣仪式对区域社会关系的整合。

从社会学的视角来看，一个村内有多个境域共存，主要是基于两个原因：一、聚落物质空间扩展到一定程度时，会分化成为不同的社会空间，这些不同的社会空间又会形成各自的境域；二、基于和谐共生的社会需求，村落内部的各个境域联合

---

① ［清］阮元校刻：《十三经注疏》，中华书局，1980，第 1529 页。
② 薛艺兵：《对仪式现象的人类学解释（下）》，《广西民族研究》2003 年第 3 期。

形成社区共同体，形成"信仰圈"下的社会空间整合。

（三）多村一境

多村一境的境域形态在闽东地区较为少见，主要有两种表现形式：一是各村落都有自己的境域名称以及境庙；二是各村落由于人口较少、经济落后，无力营造自己的宫庙，只能共同使用同一座宫庙。在地方保护神"信仰圈"效应的作用下，随着某座宫庙信仰效应的提升，越来越多的村落加入"信仰圈"。基于共同的"信仰圈"和社会诉求，这些自然村联合形成一个区域内的空间共同体，从自然村转变为行政村。下面，以宁德柘荣县城郊十三村为例，阐述十三境境主神如何在马仙信仰下，形成由十三个区块共同构筑的神圣护佑领域。

宁德柘荣县城外分布有十三个境：岭口境、东峰境、上城境、后营境、前营境、溪坪境、嵋洋境、前山境、洋边境、东源境、西宅境、太洋境、濂溪境。每境均由一个以上的村落组成，属于"多村一境"类型。各境都有自己的境庙，除了供奉马仙外，还供奉本地开基主、先祖神灵等。在马仙信仰体系中，马仙庙中供奉有十三个境境主神的神位，各境主神的宫庙则是马仙信仰在各境的象征标志。在马仙信仰下，形成了由十三个区块共同构筑的神圣护佑领域，各境的境主神仅仅保护本境居民。每逢大旱时，十三境的境主神代表村落向马仙"求雨"。在"求雨"仪式中，十三境形成一个社区共同体，马仙则成为联系十三境民众与神灵的纽带。柘荣县城外的十三个境域都是由几个自然村联合而成的，马仙信仰仪式为什么以十三境为活动单位，而不是以村落为单位呢？

据陈文龙[①]统计，柘荣全县共有 192 个姓氏，人口数量在 5000 以上的仅有林、吴、陈、游、袁五姓。据《柘洋方志》载："邑无大族姓，各乡同谱系者，户不能以千计；独柘之袁、陈、魏、吴，动以千户论，其余族亦不下数百。"柘荣地处福建与浙江交界处，是人口流动和迁移的主要停居地，当地人口构成十分复杂，不仅有福安、寿宁、霞浦、福鼎等周边地区的移民，还有浙江地区的移民，很难形成一姓独大的局面。

自然村是以家族、户族、氏族或其他原因自然形成的居民聚居的村落。行政村是 1949 年以后设立的基层群众性自治单位，"境"是以宗教信仰为核心，结合客观

---

① 陈文龙：《福建马仙信仰与地域文化——以柘荣为个案的研究》，硕士学位论文，福建师范大学，2006。

的物质环境和主观的精神需求，所形塑的一种理想空间状态。本研究调查发现，福建许多行政村都是由信仰共同体发展而来的。例如，莆田市黄石镇下辖 36 个行政村，其中"七境村"是由铁炉、坐厝、山上、西庄、百庄、香山、坑口七个自然村共同构成的行政村。这七个自然村之所以会成为一个行政村，是因为坐落在鹭峰山下的七境朝天宫。七境朝天宫原名妈祖朝天宫，创建于明代，最初仅供奉妈祖神像。后来，铁炉、坐厝等七个自然村共同出资扩建宫庙，将宫庙改名七境朝天宫。七个自然村围绕七境朝天宫及其相关活动，逐渐形成一个社区共同体，最终成为一个行政村。

宫庙对于福建地区村落的社会关系形态具有重要的影响，七境村就是一个典型案例。七境朝天宫是位于铁炉、坐厝等七个自然村村庙之上的社区庙，也是七个自然村的信仰空间共同体。此外，有些村落的村庙由于信仰效应较高，逐渐成为周边村落民众膜拜的中心，进而成为社区庙。

在马仙信仰下，柘荣十三境中的一些村落受人口数量、经济条件等客观条件的限制，共同出资营建宫庙，与大姓村、单姓村共享信仰空间和社会资源。在共同信仰下，人口数量不占优势的少数族群通过资源整合，联合形成一个境域。铁炉、坐厝等七个自然村基于共同的妈祖信仰和仪式活动，逐渐成为一个区域内的空间共同体，由散村的物质空间形态发展为集村的社会空间形态。

第六节　传统聚落中境空间的演变规律

城市聚落境域的发展与演变，常常受到行政管理制度的制约，霞浦城内"四社→二十七境"的空间体系、宁德城内"四门→十境"的区划格局，就是典型案例。城内境域的物质空间被城墙限制在一定范围内，城墙被拆除后，城内毗邻城墙的境域便获得了向城外扩展的空间。当它们发展到一定程度时，物质空间内部的社会空间便会产生分化，形成新的社会空间单元——"分境"。

乡镇聚落境域的发展与演变，是由境域内部的大姓宗族主导的。与城市聚落复杂的社会结构不同，乡镇聚落以大姓宗族形成的境域单元为主要空间架构。大宗姓氏形成分房之后，各房份又发展为新的社会空间单元——"分境"。为了与大宗姓氏共享社会资源和神明信仰，小姓族群常常联合起来，形成合境。以血缘关系为纽带形成的境域单元，其境域内部呈现出空间形态的聚合，对于境域外部的异姓境域呈现出空间形态的分离。以地缘关系为纽带形成的境域单元，境域之间的空间界限并不清晰，故呈现出叠加融合的空间形态，其境域内部呈现出血缘关系下各异姓社区的空间割离。

村落聚落境域的发展与演变，是由境域之间的相互作用决定的。与城市聚落和乡镇聚落相比，村落的社会结构比较简单，发展速度相对迟缓。就发展模式而言，城市聚落是行政计划式的，村落聚落则是有机自然式的。单境聚落呈现为聚落自我空间的定义。多境村落与一境多村境域的发展与演变，是由境域之间的相互作用决定的。

城市聚落、城市聚落、村落聚落在演变过程中，都存在着分离与聚合的空间现象。一方面，聚落物质空间发展到一定程度时，产生社会空间的分化；另一方面，共同的神明信仰和社会诉求，将分散的物质空间整合起来，形成聚合的社会空间。由此可见，境域空间的分离与聚合是聚落空间的主要形塑方式。

第五章 "境"空间形塑的聚落形态

城市、乡镇、村落等不同类型的聚落，因人口、社会、环境、行政管理等条件差异，形成了不同的境域形态；不同的空间构成模式和形塑规律，产生了不同的聚落形态表征。一方面，城市聚落、乡镇聚落、村落聚落的境域在人口、规模、社会结构、发展速度等方面差异明显；另一方面，城市聚落、乡镇聚落、村落聚落的境域因存在形式、演变模式的不同，呈现出不同的空间形态表征。

不同类型的境域尽管在空间形态、演变规律、构成模式等方面都存在差异，但它们在演变过程中，都存在着"分离"与"聚合"的空间现象。本章主要围绕境域的"离合运动"这一空间演变规律展开论述。

第一节 城市聚落形态

城市聚落由于族群众多、社会结构复杂、人口数量庞大，形成了许多境域单元。各境域单元并非孤立存在的，它们之间存在着相互作用关系。这些境域单元及其上位空间共同构成城市聚落空间的形态结构。有鉴于此，本节主要以各境域单元之间的相互作用关系为切入点，探讨城市聚落空间内部的形态结构及其演变规律。此外，城市聚落处于统治阶层的行政管控之下，为了便于管理，除境域外，还设置有其他空间单位。因此，本节也从行政管理的视角，探讨多个境域形成的空间形态。

一、霞浦县城聚落形态

霞浦县城以四座社庙为中心，被划分为四个社区单元。四座社庙既是"四社"的地标和象征，又是"四社"民众的信仰中心。"四社"民众以各自的社庙作为信

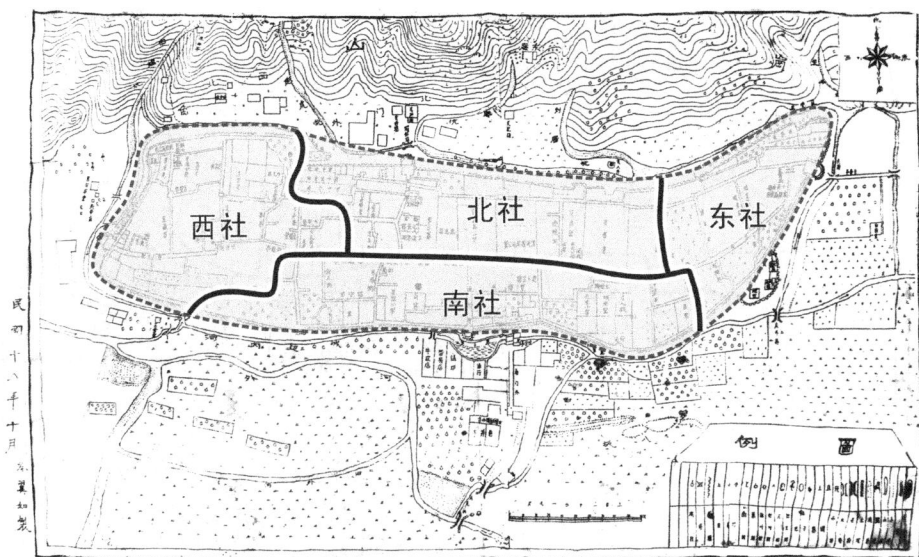

图 5-1 霞浦县城原有之四社空间区划图[①]

仰中心，成立乡治组织，进行信仰仪式活动。随着霞浦县城的发展，"四社"的物质空间逐渐扩大，其内部逐渐分化出二十七个境域单元。境域形成后，四座社庙的作用开始减弱，直至被二十七座境庙所取代。四个社区单元逐渐瓦解后，

"社"的空间意义并没有全部消失，而是作为"境"的上位空间单位，对二十七境进行组织与管理。霞浦县城举行公共仪式期间，二十七境民众依据各自归属的四个社区进行相关的仪式活动，形成"城—社—境"的空间构架。

---

① 本研究以徐翼如于 1929 年绘制之地图为底本绘制。

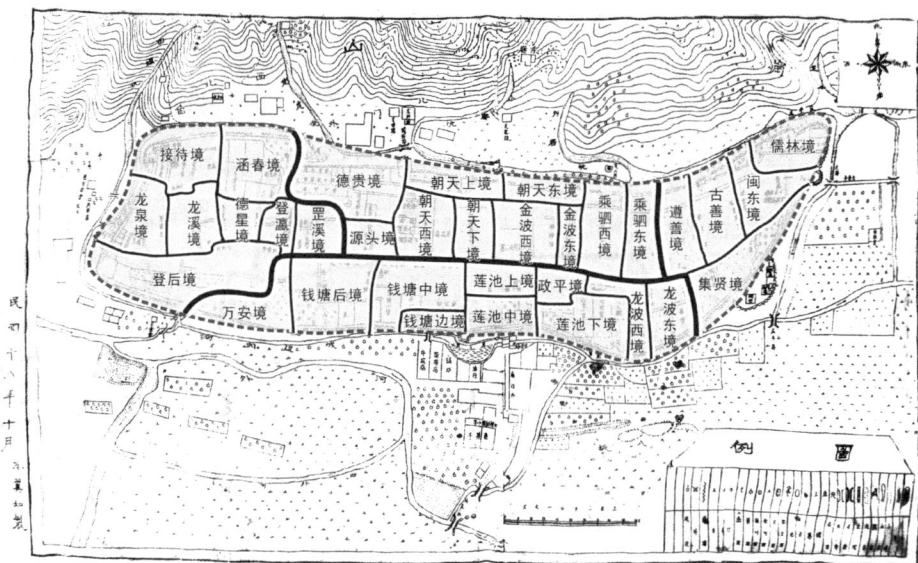

图 5-2 霞浦县城各境分布图 [①]

霞浦县城由"四社"到"二十七境"的空间格局转变，是以城墙为边界范围，在密闭的城市空间容器内进行的。随着霞浦县城的发展，按照"里社"制度划分的东、西、南、北"四社"内部逐渐产生分化，形成以民间信仰的境域为单元的二十七个社区。境域社会空间脱离原有的社会空间体系，并对原有的物质空间体系进行切割，从而导致霞浦县城聚落形态在物质空间不变的基础上产生了社会空间的分化。"境"是由民众自下而上的作用力产生的，并将自上而下的国家"里社"空间体系进行改造，这就使得霞浦县城聚落形态既有统治阶级意志的四社区划，又有民间约定俗成的境域划分。可见，霞浦县城的境域是对原有里社制度下的城市聚落形态的物质空间解构与社会空间重构。

二、宁德县城聚落形态

由宁德各时期的地方志及其他文献资料可知，宁德县城内各个境域的名称、空间范围等都经历了一个动态演变的过程。下面，结合文献史料和境域空间演变的图形比对，来探究宁德县城各境域的动态演变过程。

---

① 本研究以徐翼如于 1929 年绘制之地图为底本绘制。

图 5-3 1538 年宁德境域分布图 [1]

（一）境域对城内聚落形态的形塑

明嘉靖十七年（1538）至民国二十六年（1937）的四百年间，宁德城内十境之中，除福山境被金仙境取代；凤池境遭遇大火后，其境域分散到周边境域外，其余八境依旧保存完好（见图 5-3、5-4、5-5）。1937 年，县城城墙被拆除后，与城墙毗邻之朝天境、西山境、龙首境、龙头境获得向城外拓展的空间。随着大规模的围海造田运动，与鸾江、金鳌二境毗邻的海岸线发生位移，鸾江、金鳌二境因远离海域，境域内原本以捕鱼为业的居民改变了生计方式。20 世纪 80 年代末至 90 年代初，宁德东南城区改造，鸾江、金鳌二境居民迁入少年宫路的卢萍新村，原境庙也被迁移至卢萍新村。在密闭的城市空间容器内，受城区改造、宫庙迁址、产业调整等因素的影响，城内境域的物质空间与社会空间都发生了变化，一些境域空间被解构后，融入其他境域之中。

---

① 本研究根据 1538 年版《福宁州志》绘制。

图 5-4 1781 年宁德境域分布图 ①

图 5-5 2014 年宁德境域分布图 ②

---

① 本研究根据 1781 年版《福宁州志》绘制。
② 本研究根据 1781 年版《福宁州志》绘制。

（二）境域对城外聚落形态的形塑

如前已述，1937 年，县城城墙被拆除后，好像密闭的空间容器被打开，与城墙毗邻之朝天境、西山境、龙首境、龙头境，都有了向外延伸拓展的空间。由图 5-6、5-7、5-8 可知，朝天正境、西山正境的境域空间扩张到一定规模时，产生了同名分境与异名分境。由此可见，随着人口数量的增长、社区面积的扩大，境域的物质空间也不断扩张。境域的物质空间扩展到一定规模时，内部自然产生社会空间的分化，形成新的境域空间单元。民众以新建境庙为信仰中心，成立新的乡治组织，进行信仰仪式活动，形成新的社会空间结构。换句话说，透过社会空间的分化，从正境中分离出来的境域空间，又聚合为新的境域单元——分境。在空间发展、分化、离散、整合的过程中，聚落的空间形态得以动态地呈现出来。

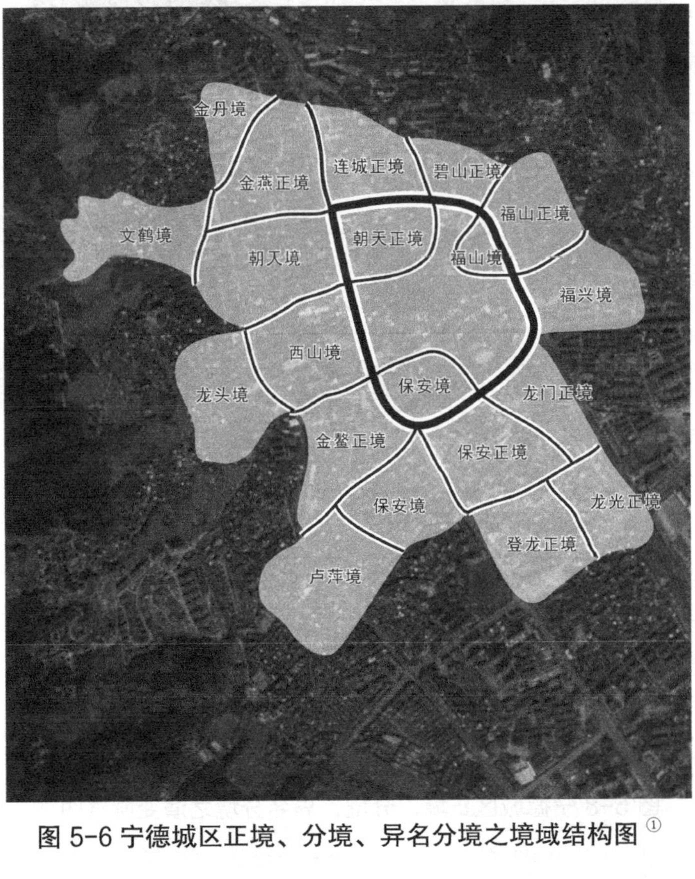

图 5-6 宁德城区正境、分境、异名分境之境域结构图[①]

---

① 本研究根据谷歌地图绘制。

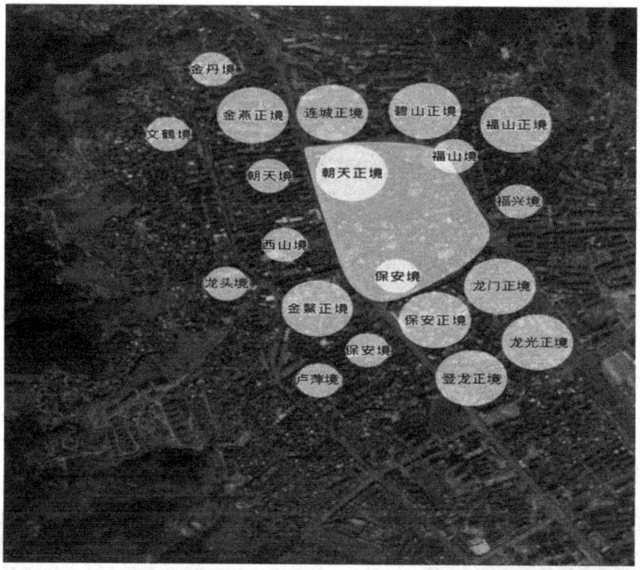

图 5-7 宁德城区正境、分境、异名分境之空间分布图 [①]

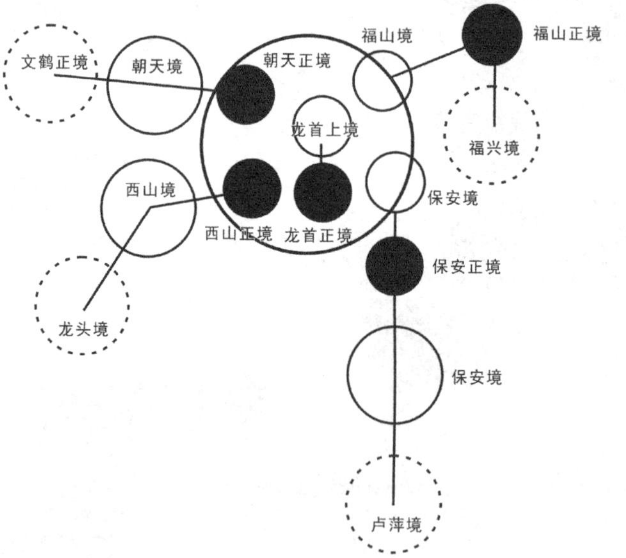

图 5-8 宁德城区正境、分境、异名分境之演变脉络图 [②]

---

① 本研究根据卫星地图绘制。
② 本研究根据卫星地图绘制。

通过比较霞浦与宁德两城的聚落形态，可将城市聚落形态的特征归纳如下：

第一，两城的境域都是随着原有社区发展而形成的。霞浦城内的境域是在原有社区下分化为若干个境域。宁德城内的境域是正境社区扩展之后，裂变形成新的境域。可见，境域具有一定的空间范围，并非无限扩大。第二，随着两城境域物质空间的发展，在新增区域内组成新的乡治组织机构，进行相关的社会活动，以新建境庙为核心，最终于形成新的社会空间区划，脱离于原有境域社会空间。境域的物质环境与社会结构存在发展不一致的现象，当物质空间扩张到一定阶段时，形成社会空间的裂变分化。第三，无论两城境域如何发展，境域都有各自归附的空间区划。霞浦二十七境分别归属"四社"的区域，宁德城内十境归属四座城门，前者是按东西南北的绝对方位划分，后者是以四座城门为相对坐标，境域具有空间区划的归属性。

霞浦与宁德的城市聚落中，境域单元的上位空间，都有相应的区划单位，霞浦和宁德分别以"四社"和四门，作为区域间的空间单位和组织机构。由于史料的缺失，无法考证霞浦城内的四座社庙是否也是"四社"内的某一境庙，也无法证实是否因为境庙兴起，社庙势衰而最终消失。而宁德城内的四座境庙今天依旧是城市聚落内四个方位区间的主庙，供奉的四个神明也被称之为"神明头"。虽然今天的宁德县城城门、城墙、四堂均已不复存在，但是民众依旧沿用过去四座城门的空间区划。民众通过正境主神神阶的高低，划分出聚落的空间层级。形成与"四门（堂）→正境→分境"的聚落形态。霞浦城也是如此，虽然社庙已不存，但是城内依旧按照"四社"来划分出聚落的四个区块，形成"城→社→境"的聚落形态。两城境域都以"社"和"门"这样的上位空间区划，对其进行方位范围内的空间整合，这种空间整合是通过仪式行为形成。

宁德县城城墙拆除后，使得城内毗邻城墙的境域，获得向城外扩展的空间。此后，闽东地区政治中心所在地由霞浦迁移往宁德，宁德县城的人口增加、城市建设兴起，也造成宁德县城聚落的有形物质空间不断扩大。聚落物质环境扩大的同时，也不断产生社会空间的分化，最终产生正境与分境的空间现象，以及其他独立的境域。而霞浦县人口变化较小，城市格局基本保持不变，聚落形态始终以"社→境"的空间体系存在，民众参与的社会行为，还是以境庙的领域为主。换言之，相关的仪式活动是围绕着各自境庙展开，因此社庙功能逐渐减弱直至消失。虽然"社"的空间区划概念还是存在，但仅是聚落的空间区划单位，以及各境域共同组织形成的松散机构。

霞浦与宁德两城境域是随着原有社区发展演变形成的。霞浦城内境域在原有社区下分化为若干个境域。宁德城内境域是正境社区扩展之后，裂变形成新的境域。随着两城境域物质空间的发展，在新增区域逐渐形成新的乡治组织机构，进行相关的社会活动，并以新建境庙为中心，最终形成新的社会空间区划，脱离于原有境域社会空间。境域具有物质环境与社会结构存在发展不等同的空间现象。

霞浦县城"社—境"与宁德"正境、分境"的境域形成与演变过程，呈现了闽东地区城市聚落空间体系变迁，从中也可获悉聚落空间运动规律，一、人口数量的增加，造成物质空间和社会空间的相互关系变化，二、社会空间的形成与物质空间的发展有直接联系，当物质空间发展到一定阶段，造成社会空间的分化，三、物质空间与社会空间的发展并不是等同一致的，社会空间具有对外的离心排斥力和对内向心聚合力。

第二节　乡镇聚落形态

乡镇聚落中人口较少，族群简单，社会结构清晰，通常由四个至八个境域单元所构成。乡镇聚落通常有一个以上的大姓宗族族群和若干个小姓族群组成，在聚族而居的观念下形成以境域为居住社区单元划分。因此，在乡镇聚落的研究之中，不同的姓氏族群是观察研究的重点。通过各姓氏族群所形成的境域空间演变现象，探讨乡镇聚落的空间演变规律。由于乡镇聚落大多由自然村逐步发展整合而形成，是一个渐进式的增长模式，并且在聚落边界范围上，不像城市聚落那样有城墙的限制，因此是一种开放式的增长空间。而在城市聚落中受到来自城墙的阻碍，城内各境只能在一个密闭的空间容器里发生形态变化，缺少向外延伸的发展空间。

一、杉洋镇聚落形态

杉洋镇的八个境域是以宗族为单位，依据迁入该地的历史时间顺序依次形成。其中，最早迁入的余姓宗族随着人口发展，逐渐扩大社区领域，分化成为四个境域。紧随其后的李氏宗族也分化成为两个境域，加之后来迁入的彭、林两姓各成一境，形成四姓八境的乡镇境域格局。在境域空间形成的过程中，各个境域之间的界域关系明确、街道清晰规整，甚至用界亭来确立境域彼此之间的领域界线，强调了宗姓族群之间的社区领地范围。然而，在这八境的境域空间内部，巷弄交错密集，四通八达，形成了境域社区内部空间强烈的相互渗透与交流（见图5-9）。

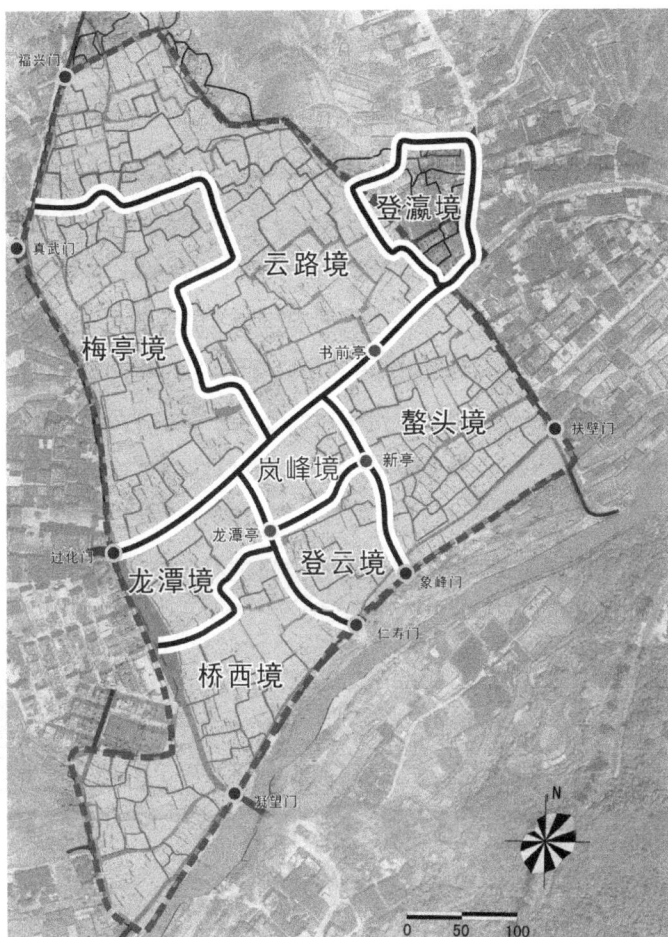

图5-9 杉洋镇八境区划以及城门、界亭位置 [①]

杉洋镇的境域形态，呈现了宗族血缘关系下境域空间形态的"内外有别"。各境域内部街巷空间的相互联系，与境域外形成鲜明的对比反差。一方面是境域内各部分物质空间环境的联系密切，另一方面是对境域外部异姓境域的领域对立。境域空间形态的内外有别，呈现了乡镇聚落空间形态的离与合，异姓族群之间呈现一种

———————
① 本研究整理绘制。

物质空间形态上相对独立的分离状态，而同姓血亲族群之间境域边界模糊，呈现了一种物质空间融合的聚落形态特征，这种物质空间现象的离与合，实质上是族群关所形塑的社会空间产生的物质空间的离与合现象。

二、霍童镇聚落形态

霍童镇的四个境域并不是经过漫长的历史发展形成的，而是在短暂的历史瞬间，由自来周边受灾的三十六个村的村民共建而成。在聚落形成的初期，并没有境域，随着民众灾后重建家园，恢复生产之后，开始兴建宫庙。围绕着四座宫庙，镇区自然划分成四个境域，并且境域之间没有确立明显的边界，各境域范围模糊。但是在境域的内部，各姓氏宗族、家族所聚居的屋厝与里弄之间的界域明确。依据境内各宗族人口数量的多少，形成大姓为"单姓堡"，众小姓联合为"多姓堡"，并以"堡"为单位，进行社会活动、登记丁口、分摊公责等。最终在霍童镇内形成以"堡"为主要社会空间，境域为次要社会空间，并以四境划分镇区的物质空间（见图5-10）。

图 5-10 霍童镇"境—堡"结构示意图 [①]

霍童镇的境域，呈现了一种与杉洋镇境域截然相反的空间形态，各境域之间的边界模糊、境域空间相互叠加、渗透；而境域内空间的各领域划分却十分明确，并以"堡"为概念，强化境域内部的领域分区。聚落境域之间的相互融合与境域内部空间的分别独立，形成了鲜明的对比，并从两个层面呈现了境域的"离合现象"。

首先是民众聚合形成的霍童镇，自然分离成四个境域社区；其次是在分离的各个境域之内，又按照姓氏关系以及人口数量多少聚合成为"堡"的空间概念。在境域空间的离合运动之下构筑霍童镇的聚落形态。

对比杉洋与霍童两镇境域空间所形成的聚落形态，各有特点又具有异同之处，从以下几方面对聚落形态产生重要影响：

1.社会结构形成聚落物质空间的差异

杉洋镇聚落，是经由各时期以宗族为单位的迁入族群，依次形成社区区块后逐步增加形成，是一种历时性的产生过程。而霍童镇聚落，是自然灾害之后，短时间内聚集的大量人群而迅速形成，是一种瞬间性的形成过程。由于杉洋镇聚落是在余、李、彭、林四大宗族分别在不同的时期依次迁入，各族所形成的社区领域比较清晰明确，彼此之间的物质空间也有明确的界定物，如界亭等。霍童镇聚落则是在自然灾害之后，三十六个村共聚一镇而形成，各境界界域并不十分清晰，并形成了以单个大姓或若干小姓聚居的社区，产生了强烈的领域感（见图5-11）。

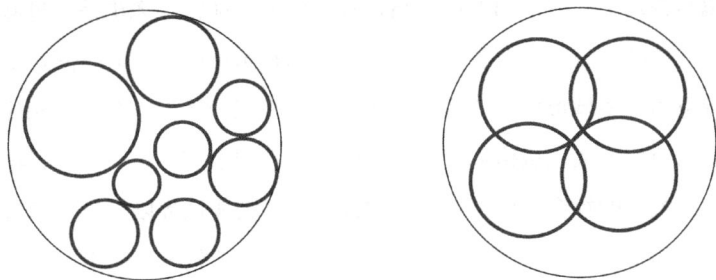

杉洋镇境域结构分布及边界范围示意　　霍童镇境域结构分布及边界范围示意

图 5-11 杉洋镇与霍童镇两镇境域结构分布及边界范围示意[①]

2.社会空间造成境域内外的物质空间形态差异

杉洋镇四姓家族在各自境域边界有明显的"显圣物"，用以明确并界定其领域

---

① 本研究整理绘制。

范围，如境庙、境亭等，彰显了不同族群的领地划分区域。而在各境的内部却是道路密集，互通密切，祠堂是族群精神向心的集中体现，呈现了血亲族群之间的内外有别，对内是融合密切，对外则是空间领域神圣不可侵犯。霍童镇的四境不像杉洋镇四姓八境聚居区这样有明确的境域界域。从境域之间的关系来看，霍童镇各境之间并没有明显的"显圣物"界定范围。两镇境域内部社会关系结构的不同，也构成了聚落形态的差异性。霍童镇各境边界重叠，领域模糊，而杉洋镇各境边界明确，领域明显。境内的物质空间也有所差异，霍童镇各境内各"堡"所形成的空间区划领域感强烈，而杉洋镇各境境内道路四通八达，物质空间联系密切（见图5-12）。

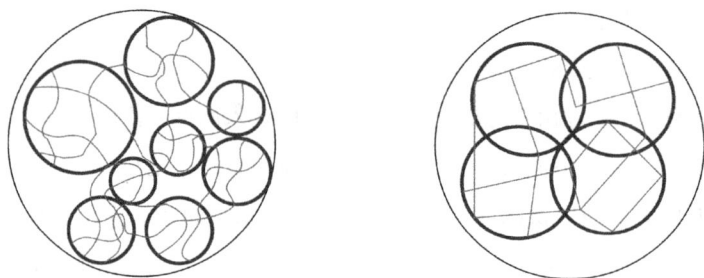

杉洋镇境域内部路网及小区结构示意　　霍童镇境域内部路网及小区结构示意

图 5-12 杉洋镇与霍童镇两镇境域内部路网及社区结构示意[1]

杉洋镇与霍童镇境域空间形成与结构具有以下特征：1.无论是经过漫长历史时期形成的杉洋镇区，或是在短暂历史瞬间形成的霍童镇区的物质空间，都会分离成若干个境域空间。境域形成的背后，是缘于乡治组织的运作，并产生相应的社会空间；2.虽然两镇都形成境域格局，但内部的物质空间形态却有不同。杉洋镇各境是基于相同血缘关系的社会结构，因此境内没有明确的领域界限。霍童镇各境内部由血缘关系组成的单姓堡，以及地缘关系形成的多姓堡所构成，各堡之间相对独立且具有分界明确的领域；3.两镇中的各境界域之间存在较大差异，杉洋镇的境域形成是基于不同宗族在各个时期的组合式增加，在聚族而居的伦理观念下，形成明确的界域。而霍童镇境域是在各姓氏混居的物质空间基础上形成的，因而境域之间并没有强调明确的界限。

虽然杉洋镇与霍童镇的聚落在空间形态存在差异，但其空间形态的离合现象揭

---

① 本研究整理绘制。

示了乡镇聚落空间形态的运动规律：

1. 随着聚落的发展，不断扩大的物质空间，都分离成若干不同的社会空间。无论是杉洋镇聚落经历长时间的发展而形成，或是霍童镇聚落在短时间内建成，都分化成若干不同的社会空间。这种社会空间是基于宗族与信仰而形成的。聚落物质空间的发展造成社会空间的分化，这种空间现象在两个乡镇都有所呈现。

2. 同一族群或非同姓氏族群，所居住的社区随着物质空间的扩大而产生新的社会关系，形成与原有空间的对外分离和新有空间的自我整合。杉洋镇聚落同姓宗族余氏四房分为四境，林氏二房分两境，以房份的社会关系构成社会空间，从而对原有的物质空间发生作用并产生改变，之后形成新的物质空间区划，将一个宗族社区划分为若干个聚落社区组团。

3. 血缘关系所形成的社会空间，也是影响聚落形态的主要原因。两镇境域外部界域的差异来自族群聚居的模式不同，境域内部的空间形态差异来自境域内社会关系结构的不同。

闽东宁德地区乡镇人口结构，通常是以两个以上的大姓宗族和若干个小姓宗族所构成。因此，在聚族而居的传统观念下，乡镇聚落的社会空间显得较为清晰。相对于城市聚落中以信仰为神缘结构的社会空间结构，乡镇聚落以血缘为纽带构成社会空间。如上所述，一方面，乡镇聚落具有城市聚落人口多元化的特征，另一方面，乡镇聚落和村落聚落族群以血缘关系为特征，也有些乡镇聚落是基于族群的地缘关系形成社会空间。对比杉洋与霍童两镇境域空间形成与演变，分别呈现了在血缘和地缘关系之下的境域空间对聚落形态的构成规律。

第三节　村落聚落形态

由于村落数量巨大，无法通过某些个案研究来概括聚落形态特征。本研究从类型学的角度进行归纳，从境域在村落中的空间形态关系，得出境域呈现的三种村落聚落形态。

在村落聚落中，人口较少，通常一村即为一境，或者说单姓一境村。针对这种类型的聚落研究重点在于对境域个体及其内部空间形态的探讨。但也有异姓多境村的存在，并且有的村落经过长时间的人口发展，大宗姓氏形成分房之后，各房份自我为境域并形成多境村。针对多境村落，本研究以境域个体之间的相互关系为主。此外，村落的族群与社会结构相对稳定，产业形态也较为单一，有利于从一个具有共性的社会行为去探讨聚落空间形态的整合。

一、单境村聚落形态

随着聚落的发展，在聚落外缘产生新的生活和生产空间，同时周边村落边界互相扩张，形成新的物质空间形态。这些新的空间模块，与原有聚落之间，存在"分—离"的空间关系，例如，廉村因无法承受税赋和避免水患迁居至聚落外围后山村，形成一个脱离原有村落的社区。松山村随着产业技术的提高，渔业区域不断扩大，形成远离聚落的生产空间，以及宁德南门四村四境之下各自独立的生活社区等。民众通过社会行为活动，将这些空间聚合到聚落的空间体系之中，成为完整的空间体，呈现出物质空间分离但社会空间聚合的现象。

二、多境村聚落形态

一村多境是不同社会关系的族群在共同的空间容器中和谐共生，虽然物质空间形态上相互聚合，但内部的社会空间彼此分离。例如，亭基坪村是一个物质环境的整体，但其内部却随着物质空间的发展形成了正境与分境的空间结构。古溪村三个族群的居住社区形成一个完整的物质空间共同体，却按彼此间的社会关系形成三个社会空间。在聚落统一完整的物质环境中，分化成为三个社会空间。物质空间的聚合与社会空间的分离，是一村多境中明显的运动规律与现象，并对聚落形态产生重要影响。

三、一境多村聚落形态

多村一境中的各个村落是各自分离的物质形态，但又以共同的信仰活动将社会空间进行整合。在"常态"下呈现离散的物质形态，在"非常态"的时期则通过共同的社会行为，达成一种聚合的社会空间形态。聚落固态分散的物质空间之下，是一种动态聚合的社会空间结构关系。例如，柘荣十三境的每个境都由多个村落所构成，这些村落分布在不同位置，所以在物质空间形态上是离散的，但在共同的社会行为下又形成相互结合的社会空间。对比而言，一村多境的物质空间是聚合的，社会空间是分离的；而多村一境的物质空间是分离的，社会空间是聚合的。

单境村仅有一个境域，虽然无法呈现多个境域相互作用之后的空间关系，但是呈现了境域的内部空间层次、结构以及境域和外部空间的对话关系。境域内部空间的结构层级呈现了民众集体意志对生活、生产等社会行为的文化认知及理解，并集中投射呈现在围绕宫庙神明的仪式之中，是通过社会行为对于物质环境的社会空间定义。在境域与外部空间的对话时，多以境门、境石等"显圣物"来界定聚落物质形态的边界。随着聚落范围边界的变化，"显圣物"的位置相对也发生位移。

多境村具有多个境域，境域之间存在的相互关系，也有别于城市聚落具有的行政作用。传统村落是靠自治而非政治，因此更需要通过某种社会行为，达成以"境"为社区单位的各个族群的和谐共处。境域在节庆时期产生了社会空间整合的"合境"现象，使族群之间的社会关系进行融合。随着村落的发展扩大，原境域的部分空间，也像宁德城区的某些境域一样，脱离于原有境域，成为"分境"的独立空间概念，因此多境村落也存在着空间的"离与合"的演变规律。

多个村落共为一境的显著特征是有共同的社会关系属性。因此，各个村落的物质空间虽是零散分布于区域之中，但其社会空间是完整的系统个体。随着时间的推移，具有共同社会关系的村落因地域接近、族群认同、产业整合、经济融合等而成为一个完整独立的空间共同体。

综上所述，境域在城市、乡镇和村落聚落中呈现不同的空间现象是有规可循的。虽然境域的空间形态特征不同，但其物质空间与社会空间存在相互的"离与合"的关系，一方面，随着聚落物质空间的发展而产生社会空间的分化。另一方面，共同的需求又将分散的物质空间进行整合，形成聚合的社会空间。境域构成的聚落形态并不是单向的逻辑进程，境域空间在演变过程中改变聚落形态，而聚落形态又影响境域空间演变。境域与聚落存在相互影响的作用力关系，"境"空间从以下三个层面来构成聚落形态。

一、受到城、镇、村不同聚落人口数量、族群类型、边界领域、社会结构、产业形态等因素影响，导致境域与聚落之中的存在形式不同。聚落本身的环境条件影响境域的产生和存在形式，形成具有差异性的境域空间，进而形成不同境域物质空间与社会空间现象的聚落形态。

二、境域在发展演变的过程中，物质空间与社会空间发生相应的变化。在这个变化的过程中，物质空间与社会空间存在着分离与聚合的相互作用关系。尽管在各类型聚落中的演变方式不同，但空间运动规律相类似。境域作为居住社区的空间单元，在发展的过程中产生空间的分化和整合，从聚落内部空间的构成来影响聚落形态。

三、境域可作为社会管理的工具，协调各种族群关系、公共行为、解决社会问题等，以社会空间层面的组织和管理方式，将分散的物质空间进行整合，从而达成社会和谐发展的目的。境域作为高于聚落的社会管理工具，可以协调族群关系、整合社会资源、维护公共关系，从社会空间层面塑造聚落形态。

第六章　结语

目前，我国正处于城镇化加速发展的时期，传统社区的拆迁和改造、传统村落的城镇化建设、乡村人口的大量外迁等，对以民间信仰为代表的民间传统文化造成了巨大的冲击。随着我国城镇化步伐的加快，许多境庙被迁建，一方面，一些境庙的祭祀仪式因后继无人而无法传承；另一方面，一些地方的民间信仰作为社区文化，正焕发出新时代的勃勃生机（见图6-1）。本研究以"境"文化为研究对象，通过分析"境"文化的空间意涵、形态结构、空间表征形式等，探讨以"境"为代表的传统聚落空间的形塑方式与演变规律。

传统乡土社会，人们以血缘关系为轴心、以家族或宗族的形式聚集扎根在边界清晰的地域范围内，形成村落共同体。"境"是在社区的基础上得以形成与延续的，民众借助共同的信仰活动与社会活动，达成对境域的社会空间定义。在城市聚落中，民间约定俗成的境域融入国家行政意志的空间体系，从而形塑了城市聚落的空间形态。在乡镇聚落及村落聚落中，更多是基于血缘关系、地缘结构以及神缘领域等，达成聚落形态的物质空间与社会空间的有机融合。

福建省福清市云江后郑境　　　福建省宁德市登龙境　　　福建省霍童镇四境十九堡

<table>
<tr><td>台湾地区东港绕境送王船</td><td>台湾地区北港朝天宫绕境</td><td>台湾地区澎湖千岁府绕境</td></tr>
</table>

图 6-1 闽台地区传统社区境主公绕境活动 [①]

  首先，通过追溯相关文献，梳理了"境"的语义内涵及其发展演变，考察了"境"是如何由单一的范围边界义，发展为多元意涵的复合空间义的。"境"作为居

[①]　本研究摄于 2011—2019 年。

住社区之代名词，兼具主观和客观的二元性空间释义。具体而言，境域空间是由具象的物质环境与抽象的社会关系共同形塑的，民众通过宗教仪式达成对人居环境的神圣定义，并形成对居住区域单元的空间区划。

其次，通过考察城市聚落、乡镇聚落、村落聚落境域的空间结构、构成模式、演变规律，总结境域空间的运动规律。以可见的物质环境作为显性观察介质，探究物质空间背后的隐性抽象的社会空间，揭示聚落物质空间与社会空间的演变规律。此外，从境域在城市聚落、乡镇聚落、村落聚落的二元空间运动规律的视角，考察境域空间在不同聚落层级类型中所呈现的聚落形态。

最后，立足于物质空间和社会空间之间的关系，分析聚落空间的构成法则。本研究发现，城市聚落、乡镇聚落、村落聚落的境域形态虽然不同，但其聚落空间的构成法则是相同的。聚落物质空间发展到一定规模时，其内部就会产生社会空间的裂变，使得部分物质空间内部产生新的社会空间，并在新的社会空间里形成自我聚合的社会关系。此即本研究所谓的聚落空间的"离合运动"。

一、城市聚落

城市聚落的社会关系结构比较复杂，很难形成以血缘、地缘为纽带的传统聚落社区单元，民众往往通过神缘或其他集体仪式形成社会空间。如前已述，聚落物质空间发展到一定规模时，其内部就会产生社会空间的裂变，使得部分物质空间内部产生新的社会空间，并在新的社会空间里形成自我聚合的社会关系。可见，社会空间的分化是基于民众对自我群体的定义，是对社区空间领域的彰显。

在城市聚落空间的运动过程中，其社会空间并不会随着物质空间的扩展而扩展，而是当物质空间发展到一定规模时，其内部自然会产生社会空间的裂变，导致部分物质空间从原有社会空间中脱离，形成新的社会空间。民众以共同的神缘信仰为社会关系的中心，形成新的社会关系聚落空间。城市聚落空间的"离合运动"，具体呈现为新社区从原有社区中脱离，并在新社区内部形成聚合的聚落空间形态。

二、乡镇聚落

与城市聚落相比，乡镇聚落的社会关系结构较为清晰和简单，通常以血缘、地缘为纽带形成分散的聚落社区组团。乡镇聚落空间的"离合运动"，具体呈现为以神缘作为整合社区上位空间的工具，实现聚落内部社会关系的和谐。

乡镇聚落中的境域——无论是"序列式"境域还是"并列式"境域，都是人群因血缘关系或地缘关系聚合在一起，形成一个境域。随着境域的发展，境域内部产生了社会空间的分化，其中，单纯以血缘关系为基础的境域内部按照房份关系，形成了多个境域——房境，而单纯以地缘关系为基础的境域内部则依据姓氏宗亲关系、人口数量，形成单姓"堡"与多姓"堡"。"房境"与"姓堡"将原本完整的物质空间与社会空间进行解构，在其内部形成新的社会空间。

三、村落聚落

与城市聚落与乡镇聚落相比，村落聚落的社会关系结构更为简单。就单境村而言，由于土地功能、生产空间、生活空间等的变化，常常在原有村落的物质空间外围形成新的境域。通过信仰仪式等集体行为，对离散的物质空间进行整合，将世俗的生活空间和生产空间纳入统一的神圣领域之中。就多境村而言，日常状态下和仪式状态下，存在着社会空间的分化与整合现象。日常状态下，人们的社会关系保持相对固定和稳定的结构模式。岁时节庆或其他特定仪式期间，原本独立的各个社会空间因节庆仪式达成暂时性的融合，结成一个特殊的社会空间共同体。就多村一境而言，也是如此。民众通过神圣仪式等集体行为，来达成区域范围内各个境域的社会空间的暂时性融合。

综上所述，传统聚落空间的"离合"运动，是以有形的物质环境为载体的，通过不同的社会行为达成聚落物质空间之下的社会空间划分。境域空间的演变，就是对原有聚落形态的物质空间解构与社会空间重构。境域对聚落空间形态的影响主要有两个方面：一、境域在不同聚落层级类型中的空间结构和演变模式不同，其对聚落形态产生的影响也不相同。二、"境"的空间演变具有一定的规律性，物质空间与社会空间存在着"离与合"的关系，二者对聚落形态均具有持续性的影响。

四、后续研究

"境"作为传统聚落的一种空间形态虽然延续至今，但是受城镇化建设、城市改造等的影响，不仅原有的境域界限变得日益模糊，民众的境域空间意识也逐渐淡薄。与此同时，交通便捷带来的频繁人口流动，导致传统聚落中相对稳定的社会关系体系被打破。由于上述两方面的原因，绝大多数境域的生存空间日益萎缩，甚至彻底消失。但在有些地区，境域却呈现出顽强的生命力，通过整合不断发展壮大。

以泉州地区为例，2005 年前后，泉州市实施中心城市的东向发展战略，许多散村、集村因此被整体拆除，村落的居民也搬迁至政府统一建设的现代居住社区，原来以家族聚居的居住形态被楼房所取代。除了文物保护单位外，聚落中的其他建筑物均被拆除，境庙也不复存在。这些境庙的重建方式十分特别：几座境庙合建于一处，依据神阶的高低，来决定境庙建筑的高度和方位（见图 6-2）。

图 6-2 泉州市水田乡五境境庙合建于一处 [1]

立足现状，才能更好地展望未来。同样，探讨境域在现今社会的生存状况，是为了更好地规划传统聚落空间的未来发展。本研究认为，"境"作为传统聚落的一种空间形态，其存在与消亡必有其规律可循。下面，分别就境域在传统聚落的生存与消亡、境域在新建社会的发展、境域对城乡历史街区活化的启示三个问题，进行深入探讨。

（一）境域在传统聚落的生存与消亡

相较而言，宁德蕉城老城区的街区环境、空间肌理、社会关系结构仍然维持原貌，这就为境域文化的存在和延续提供了土壤。但是在宁德市城郊，许多境域却因村落的荒废而逐渐消失（见图 6-3）。

---

[1] 本研究摄于 2012 年 1 月。

图 6-3 宁德城郊荒废的境庙与即将消失的境域文化 [①]

图 6-4 宁德市区内新建的社区境门 [②]

[①] 本研究摄于 2014 年 2 月。

[②] 本研究摄于 2014 年 3 月。

（二）境域在新建社区的发展

除宁德蕉城老城区外，宁德地区的其他县市、乡镇、村落也保存有不少境域，与境域有关的境庙、组织与仪式活动等，在新建社区均有所发展。在泉州市的城市规划图中，东海镇被规划为未来的城市新区，东海镇渔民随之转化为市民。然而，居住环境与居民身份的转变，并未改变当地民众根深蒂固的境域空间意识。在新建社区中，民众仍按照传统的境域理念划分社区空间，形成了现代居住社区中的境域现象（见图 6-5）。现代居住社区中的境域空间，延续了传统境域的部分空间结构特征。如境庙与街道的位置关系、境门与社区大门的重合、绕境仪式的流程等。

研究境域在传统聚落与新建社区的发展现状的目的有二：一是更好地规划传统聚落空间在未来的发展方向，二是为建设和谐社区与和谐社会提供有益的经验与方法路径。

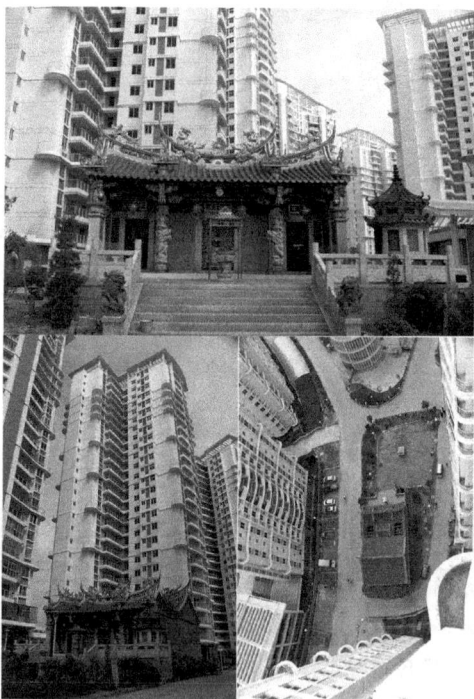

图 6-5 泉州市东海社区内之境庙 [①]

---

① 本研究摄于 2012 年 1 月。

（三）境域对城乡历史街区活化的启示

关于历史街区的保护与发展，各地因实际情况不同，采用的方法也有所不同。通行做法是，对于第一空间着力于保护其物质形态基础，即对于历史建筑、街道、风貌片区等加强保护管理与活化利用；对于第二空间（抽象的社会空间或非物质的文化空间），则普遍缺少行之有效的保护方法。20 世纪以来，空间或被视为具体的物质形式，或被视为精神与行为建构的产物。前者作为第一空间，是指物质形态基础；后者作为第二空间，是指叠加于物质空间之上的抽象活动行为。索亚认为，所谓"第一空间"，指的是空间形式具象的物质性，是一套物质化的"空间实践"，强调"空间中的物体"。第二空间指涉一种思想性或观念性领域，是一种想象的构想性空间，强调"空间中的社会行为"。

将"境"作为一种认识传统聚落的工具，既可揭示"境域"现象背后的空间形塑规律，又可建构传统聚落层面的本土二元空间结构范式。换句话说，境域文化提供了一种空间思考的方式。在传统聚落中，建筑空间是"形"，社会空间是"神"。传统聚落、历史街区的真正文化价值，就体现在建筑空间与社会空间之中。在传统社区中，原有居民迁出的同时，新居民也在陆续迁入，需要通过仪式空间、集体行为来增强原有居民对原乡地的归属感和新迁入居民的认同感。境域文化二元空间的融合和统一，为传承民族文化和地域文化、增强民众的归属感和认同感、延续历史空间文脉以及建构具有活力的现代社区等，均提供了有益借鉴。

参考文献

一、中文部分

（一）专著

［东汉］许慎撰，［清］段玉裁注：《说文解字注》，上海古籍出版社，1981。

［宋］孟元老撰，邓之诚注：《东京梦华录注》，中华书局，1982。

［清］郭柏苍、［清］刘永松纂辑：《乌石山志》，海风出版社，2001。

［清］郭柏苍：《竹间十日话》，海风出版社，2001。

［清］林枫：《榕城考古略》，海风出版社，2001。

［清］朱景星、［清］李骏斌修，［清］郑祖庚纂：《闽县乡土志》，成文出版社，1975。

安海乡土史料丛刊编辑委员会编：《安海乡土史料丛刊（第一辑)》，中国文联出版社，2002。

安海乡土史料丛刊编辑委员会编：《安海乡土史料丛刊（第二辑)》，中国文联出版社，2005。

包亚明主编：《现代性与空间的生产》，上海教育出版社，2003。

包亚明主编：《后现代性与地理学的政治》，上海教育出版社，2001。

蔡禾、张应祥：《城市社会学：理论与视野》，中山大学出版社，2003。

陈垂成、林胜利编著：《泉州旧城铺境稽略》，泉州印刷厂，1990。

戴炎辉：《清代台湾之乡治》，（台北）联经出版事业有限公司，1979。

丁福保编著：《佛学大辞典》，文物出版社，1984。

丁仁杰：《重访保安村：汉人民间信仰的社会学研究》，（台北）联经出版事业有限公司，2013。

丁世良、赵放主编：《中国地方志民俗资料汇编》，书目文献出版社，1995。

费孝通：《江村经济》，商务印书馆，2001。

郭肇立主编：《聚落与社会》，（台北）田园城市文化事业有限公司，1998。

黄富山：《台北建城百年史》，台北市文献委员会，1995。

赖志彰：《台中县街市发展——丰原、大甲、大里、内埔》，台中县文化中心，1997。

赖志彰：《彰化县市街的历史变迁》，彰化县文化中心，1998。

李明仁、江志宏：《东北角渔村的聚落和生活》，台北县文化中心，1995。

李晓峰：《乡土建筑——跨学科研究理论与方法》，中国建筑工业出版社，2005。

梁漱溟：《乡村建设理论》，上海人民出版社，2011。

林国平、彭文宇：《福建民间信仰》，福建人民出版社，1993。

林满红：《四百年来的两岸分合——一个经贸史的回顾》，（台北）自立晚报社，1994。

林耀华：《义序的宗族研究》，生活·读书·新知三联书店，2000。

林耀华：《金翼：中国家族制度的社会学研究》，庄孔韶、林宗成译，生活·读书·新知三联书店，2012。

刘登翰：《文化亲缘与两岸关系——以闽台为中心的考察》，九州出版社，2003。

刘枝万：《台湾民间信仰论集》，（台北）联经出版事业有限公司，1983。

彭明辉：《举头三尺有神明：中和地区的寺庙与聚落发展》，台北县文化中心，1995。

彭一刚：《传统村镇聚落景观分析》，中国建筑工业出版社，1992。

泉州市地方志编纂委员会编：《泉州市志》，中国社会科学出版社，1999。

施添福：《兰阳平原的传统聚落：理论架构与基本资料》，宜兰县文化中心，1996。

施添福：《台湾历史上的土地问题》，《"中央院"台湾史田野研究室论文集》，1992。

石万寿：《台南府城防务的研究》，（台南）友宁出版社，1985。

唐军：《蛰伏与绵延——当代华北村落家族的生长历程》，中国社会科学出版社，2001。

赵荣、王恩涌等编著：《人文地理学》，高等教育出版社，2000。

王沪宁：《当代中国村落家族文化》，上海人民出版社，1991。

王铭铭：《村落视野中的文化与权力：闽台三村五论》，生活·读书·新知三联书店，1997。

王铭铭：《社会人类学与中国研究》，生活·读书·新知三联书店，1997。

王铭铭：《社区的历程：溪村汉人家族的个案研究》，天津人民出版社，1993。

王振忠：《近 600 年来自然灾害与福州社会》，福建人民出版社，1996。

王志弘：《流动、空间与社会：1991—1997 论文选》，（台北）田园城市文化事业有限公司，1998。

吴良镛：《广义建筑学》，清华大学出版社，1989。

吴田泉：《台湾农业史》，（台北）自立晚报社，1993。

西园村委会编印：《西园乡土志》，1992。

萧驰：《佛法与诗境》，中华书局，2005。

谢奇峰：《台南府城联境组织研究》，台南市文化局，2013。

杨懋春：《一个中国村庄：山东台头》，张雄、沈炜、秦美珠译，江苏人民出版社，2001。

杨念群：《杨念群自选集》，广西师范大学出版社，2000。

叶嘉莹：《王国维及其文学批评》，广东人民出版社，1982。

余英：《中国东南系建筑区系类型研究》，中国建筑工业出版社，2001。

张小军、李玉祥：《蓝田》，生活·读书·新知三联书店，2004。

赵世瑜：《狂欢与日常：明清以来的庙会与民间社会》，生活·读书·新知三联书店，2002。

郑杭生主编：《当代中国农村社会转型的实证研究》，中国人民大学出版社，1996。

周宪文编著：《台湾经济史》，（台北）开明书店，1980。

[清] 周学曾纂修：《晋江县志》，福建人民出版社，1990。

庄孔韶主编：《人类学通论》，山西教育出版社，2003。

（二）译著

[德] 恩格斯：《论住宅问题》，曹葆华、关其侗译，人民出版社，1951。

[德] 海德格尔：《存在与时间》，陈嘉映、王庆节译，生活·读书·新知三联书店，1987。

[德] 海德格尔：《艺术与空间》，孙周兴译，上海三联书店，1996。

[德] 齐美尔：《社会是如何可能的——齐美尔社会学文选》，林荣远编译，广西师范大学出版社，2002。

[德] 滕尼斯：《共同体与社会：纯粹社会学的基本概念》，林荣远译，北京大学出版社，2010。

[法] 福柯：《规训与惩罚》，刘北成、杨远缨译，生活·读书·新知三联书店，2003。

[美] 奥戴：《宗教社会学》，刘瑞忠等译，中国社会科学出版社，1990。

[美] 杜赞奇：《文化权力与国家：1900—1942 年的华北农村》，王福明译，江苏人民出版社，2008。

[美] 葛学溥：《华南的乡村生活：广东凤凰村的家族主义社会学研究》，周大鸣译，知识产权出版社，2012。

[美] 孙康宜：《词与文类研究》，李奭学译，北京大学出版社，1980。

[美] 索亚：《第三空间：去往洛杉矶和其他真实与想象地方的旅程》，陆扬等译，上海教育出版社，2000。

[美] 索亚：《后大都市：城市和区域的批判性研究》，李钧等译，上海教育出版社，2006。

[美] 特兰西克：《寻找失落空间——城市设计的理论》，谢庆达译，（台北）创兴出版社，1991。

[罗马尼亚] 伊利亚德：《神圣与世俗》，王建光译，华夏出版社，2002。

[日] 野上英一：《福州考》，徐吾行译，福建师范大学图书馆古籍库手抄汉译本，1937。

[日] 伊能嘉矩：《台湾文化志》，江庆琳等译，台湾书房出版有限公司，1991。

[英] 彼得·柯林斯：《现代建筑设计思想的演变》，英若聪译，中国建筑工业出版社，2003。

［英］弗里德曼：《中国东南的宗族组织》，刘晓春译，上海人民出版社，2000。

［英］马林诺夫斯基：《文化论》，费孝通译，华夏出版社，2001。

［英］王斯福：《帝国的隐喻：中国民间宗教》，赵旭东译，江苏人民出版社，2008。

［美］摩尔根：《古代社会》，陈德正译，天津人民出版社，2010。

二、英文部分

（一）专著

A.Giddens，*The Nation-State and Violence*（Cambridge: Polity，1985）.

Anthony P.Cohen，*The Symbolic Construction of Community*（London: Tavistock,1985）.

B.G.Trigger，*Settlement Archaeology-its Goals and Promise*，*American Antiquity*（Cambridge：Cambridge University Press，1967）.

B.G.Trigger,*Time and Traditions:Essays in Archaeological Interpretation*（Edinburgh:Edinburgh University Press，1978）.

Burton Pasternak,*Kinship and Community in Two Chinese Villages*（Stanford: Stanford University Press，1972）.

Christian Norberg-Schulz,*The Concept of Dwelling: On the Way to Figurative Architecture*（New York: Rizzoli，1985）.

Clifford Geertz,*The Interpretation of Cultures: Selected Essays*（New York: Basic Books，1973）.

D.Gregory,*The Dictionary of Human Geography*（Oxford: Blackwell，2000）.

David Harvey,*The Condition of Postmodernity: An Enquiry into the Origins of Cultural Change*（Cambridge MA & Oxford UK: Blackwell，1989）.

David Held&Anthony McGrew,*The Global Transformations Reader:An Introduction to the Globalization Debate*（Cambridge: Polity,2000）

Douglas Kellner,*The Postmodern Turn: Positions, Problems, and Prospects*（New York: Columbia University Press,1990）.

F.Wolcott，"Ethnographic Research in Education"，R. Jager（Ed.），

Complementary

Methods for Research in Education（Washington,D.C.: American Edu-cational Research Association，1997）.

Florence Chia-ying Yeh，"Practice and Principle in Wang Kuo-wei's Criticism"，*Study in Chinese Poetry*（Cambridge: Harvard Universtiy Asia Center，1998）.

G.R.Willey,*Prehistoric Settlement Pattern in the Vim Valley*（Washington,D.C:Peru. Bureau of American Ethnology，1953）.

Henry Lefebvre，*La revolution Urbaine*（Pairs: Gallim-ard,1970）.

J.Van Maanen,*Representation in Ethnography*（Michigan:Sage Publications，1995）. M.S.Archer，*Culture and Agency: The Place of Culture in Social Theory*（Cambridge:

Cambridge University Press,1988）.

Margaret S. Archer，*Culture and Agency: The Place of Culture in Social Theory*（Cambridge: Cambridge University Press，1988）.

Martin Emily，*The Cult of the Dead in a Chinese Village*（Standford: Standford University Press，1973）.

N.Smith,*Uneven Development: Nature, Capital and the Production of Space*（New York:Blackwell，1984）.

P.S.Sangren,History and Magical Power in A Chinese Community（Stanford: Stanford University Press，1987）.

Paul Oliver，*Encyclopedia of Vernacular Architecture of the World*（Camridge: Cambridge University Press，1998）.

Ronald L.Grimes,*Beginnings in Ritual Studies*（Columbia, S.C: University of South Carolina Press，1995）.

Rouse I，*Settlement Patterns in Archaeology*,P. Ucko, R. Tringham and D.W. Dimbleby（Ed.）（Manchester:Duckworth，1972）.

S.Feuchtwang,*Boundary Maintenance: Territorial Altars and Areas in Rural China*（Cosmos: The University of Edinburg Press,1992）.

ThomasBarrie,*Spiritual Path, Sacred Place: Myth, Ritual and Meaning in*

Architectur（Boston: Shambala,1996）.

Victor Turner,*The Ritual Process: Structure and Anti-Structure*（New York: Cornell University Press，1969）.

Walter I. Firey，*Land Use in Central Boston*（Westport Connecticut：Greenwood Press，1975）.

（二）期刊

G. William Skinner, "Marketing and Social Structure in Rural China:Part I"，*Journal of Asia Studies24*（1964）:3-43.

G. William Skinner, "Marketing and Social Structure in Rural II China:PartI"，*Journal of Asia Studies24*（1965）.

Harry J.Lamley,Shu-Ming Liang, "Rural Reconstrnction and Rural Work Discussion Society 1933-1935",*Chung Chi Journal8*（1969）.

J.Proctor, "Introduction: Theorizing and Studying Religion"，*Annals of the Association of American Geographers96*（2006）.

L.Kong, "Religious schools: For Spirit,（f）or Nation"，*Environment and Planning D-Society & Space23*（2005）.

Richard H. Jackson and Roger Henrie, "Perception of Sacred Space"，*Journal of Cultural Geography3*（1983）.

后 记

关于"境"的文献资料大多见于地方志中，宫庙碑文中也有只言片语，故需前往"境"的现场进行田野调查、人物访谈、建筑测绘等，结合文献资料和田野调查资料对"境"进行全面深入的研究。每当得知某地尚存某境，笔者便欣然前往，往往是乘兴而去败兴而归。这些"境"仅作为地名存在，其余皆无从考察。有时却有意外收获。如 2012 年末，福安市富春溪西岸美女山脚下发现的"大巷境"石碑，就是大巷境曾经存在的实物证据。从历史文献中寻找调查线索，然后奔赴各"境"进行实地考察，再从不同学科视角对文献资料和田野调查资料进行综合研究，最后归纳总结传统聚落空间形态的构筑模式和演变规律，这项工作持续了八年时间。本研究借鉴了三十多位建筑学、社会学、人类学、设计学等领域专家学者的研究成果，在此向他们致以深深的谢意。

特别需要提及的，是我在台湾云林科技大学读博期间的导师邱上嘉教授。邱上嘉教授虽是建筑学专家，却同时具备深厚的社会学与人类学素养。在和邱上嘉教授的反复讨论中，我逐渐明确了本研究的主题和方法。我提交的所有研究计划、调查报告，邱上嘉教授皆进行了细致的修改，并提供给我许多参考资料。读博期间，邱教授多次带我去台南市进行田野调查，系统讲解台南府城及其境与联境组织下的城市空间形态，让我受益匪浅。为进一步了解福建地区"境"的遗存现状，现场体验大陆地区与台湾地区"境"文化的差异，他带领团队前往福建省宁德、漳州、厦门等地进行实地考察，并协助我进行调查研究。无论是我的博士论文，还是后来的一系列研究成果，都倾注了邱上嘉教授的心血。邱上嘉教授既是我的恩师，也是我的业师，更是我的志师。

在撰写本书的过程中，我一直在思考一个问题：为什么明代形成的"境"，如今仍在许多传统聚落的社区生活中保持着旺盛的生命力呢？换言之，福建省的福州、宁德和台湾地区的台南等地，当地居民以"境"为单位进行仪式活动，难道只是为了祈求"合境平安"？我认为，界定人居环境的领域边界的目的，是为了满足民众的精神空间需求。社区作为人居环境的基本单位，其区域范围并不是无限扩展的，当其发展到一定规模时，其内部自然产生分化。如宁德亭基坪正境扩张到一定规模后，就衍生出分境——亭基坪境。

在集体意识的作用下，人类居住的环境会形成具有边界的空间。空间既是物质存在的客观载体，也是人类行为活动的空间容器，在地理上具有物理显性的特征。此外，空间不仅是一个物质概念，还是社会关系的产物，产生于有目的的社会实践。正如卡斯特所言，"空间是共享时间之社会实践的物质支持"。也即是说，社会空间里所蕴涵的社会关系是其内在的实质。"境"是本土文化中特殊的社会空间现象，是一种集体意志的空间设计行为。这些空间设计行为所反映的空间需求，是否可以在当今的城乡规划、城市设计、建筑设计、景观环境设计中得以实现呢？当前，我国城乡建设、乡村振兴背景下的乡村人居环境提升策略方案，大多是由专业的城乡规划师、建筑师在短时间内提出的。这些策略方案更加注重人类的行为活动与行为空间的充分合理利用。以"境"为代表的传统聚落人居环境是集体意识的投射，在与自然环境有机结合的渐进式发展过程中，通过平衡和协调社会关系，满足民众对仪式空间、领域空间等精神层面的诉求。因此，"境"文化现象对当代社区建设仍然具有十分重要的启示作用。

本书是在我读博期间所获得资料的基础上撰写而成的。刚进入台湾云林科技大学时，我曾立志要在读博期间完成对台湾地区现存境域的田野调查。但调查越是深入，我越是发现许多问题都要回到"境"文化的原乡地——福建去寻找答案。完成学业回到福建后，再去台湾地区进行长时间驻点式的田野调查已不大可能，以"境"为纽带，对闽台两地的传统聚落进行横向比较研究的宏愿，只能留待来日实现了。有关"境"的文献资料稀少且分散，仅能在方志族谱中窥见一鳞片爪，本书关于"境"的很多描述都来自乡村耆老、境庙住持、宗族会长等的访谈。口述内容都或多或少带有主观性，难免众说纷纭，希望读者批评指正，并提供更多的调研线索。

本研究不仅有幸得到福建省社会科学界联合会的支持，福建省档案馆、宁德市档案馆、宁德市蕉城区档案馆、福安市文化体育局、福州市道教协会、宁德城隍庙管委会、宁德市古溪境忠烈行祠理事会、宁德市古溪元境陈氏上祠理事会、宁德市龙门境小场宫理事会、福安市廉村陈氏宗亲委员会等，也提供了丰富的文献资料及无私的帮助。此外，宁德绕巡境民俗爱好者微信群也给我提供了许多宝贵的建议和信息，在此一并表示感谢。